给青少年看的

高效
读书法

[日] **石井贵士** /著 **商倩** /译

台海出版社

北京市版权局著作合同登记号：图字01-2023-5090号

Honto ni Atama ga Yokunaru 1-Punkan Dokushoho
Copyright © 2015 Takashi Ishii
Original Japanese edition published by SB Creative Corp.
Chinese simplified character translation rights arranged with SB Creative Corp.
Through Shinwon Agency Beijing Representative Office, Beijing.
Chinese simplified character translation rights © 2024 Beijing Createbook Cultural Co., Ltd

图书在版编目（ＣＩＰ）数据

给青少年看的高效读书法 ／（日）石井贵士著 ； 商
倩译. -- 北京 ： 台海出版社，2024.1
　　ISBN 978-7-5168-3686-6

　　Ⅰ．①给… Ⅱ．①石… ②商… Ⅲ．①学习方法一青
少年读物 Ⅳ．①G791-49

中国国家版本馆CIP数据核字(2023)第210175号

给青少年看的高效读书法

著　　者：〔日〕石井贵士　　　　译　者：商　倩

出 版 人：薛　原
责任编辑：赵旭雯

出版发行：台海出版社
地　　址：北京市东城区景山东街20号　　　邮政编码：100009
电　　话：010-64041652（发行，邮购）
传　　真：010-84045799（总编室）
网　　址：www.taimeng.org.cn/thcbs/default.htm
E - mail：thcbs@126.com

经　　销：全国各地新华书店
印　　刷：艺堂印刷（天津）有限公司
本书如有破损、缺页、装订错误，请与本社联系调换

开　　本：880毫米×1230毫米　　　　　1/32
字　　数：110千字　　　　　　　　印　张：6.5
版　　次：2024年1月第1版　　　　　印　次：2024年6月第1次印刷
书　　号：ISBN 978-7-5168-3686-6

定　　价：49.80元

One
Minute

One
Minute

目录 Contents

第二章
One Minute Leading 的结构

第三章
"One Minute Leading" 与 "速读法" 的区别

第七章
与书的正确相处方法

第八章
为了做到"一分钟读一本书"

前言

 你可以做到的一分钟读书法

　　"一分钟读一本书？这怎么可能？"当我告诉大家一分钟可以读一本书的时候，大部分人都是这种反应。最初也有人非常抵触我的说法，他们觉得"一分钟读一本书，肯定是骗人的，大家可千万不要上当"。而且我也遇到过很多人，他们用自己的惯用思维轻易地给我下了一个结论："一分钟读一本书这种读书速度肯定理解不了书的内容，所以这无非就是跳

读之类的玩意儿。"

但是，如果一分钟可以读一本书，而且能够理解书的内容，你觉得怎么样呢?这样一来，你的人生是不是会发生天翻地覆的变化呢?

当然，"什么?谎话连篇!怎么可能做到一分钟读一本书，又不是超能力"，也会出现像这样不相信而抵触的人。

但是事实胜于雄辩，一分钟读书法已经取得了无数的成绩：2007年以后，接受一分钟读书法的学习者已经有很多，没有一个失败案例；介绍一分钟读书法的《给青少年看的高效读书法》（KADOKAWA中经出版社）成为年度最畅销书籍（2009年商务书，日贩调查）；一分钟系列丛书已累计销售150万册。说实话，没有哪一个学习指导者能够超越我，取得如此优异的成绩了。而传授10分钟读一本书的速读教室，最后出现的却都是学不会的受挫者，这样的事情比比皆是。同时，像传授一分钟读书法这样，没有出现一个失败案例的情形，可以说是闻所未闻了。

一分钟读书法的阅读速度，比所谓的速读要快10倍。并且这种阅读速度下，头脑中所获得的信息量，与平时慢阅读时毫无差别。

话说到这里，肯定会有人批评我说："这个人自己一分钟能读一本书，就在这里自夸自大了！"你会因为自己会刷牙而洋洋自得吗？会因为去泡澡而自大不已吗？恐怕不会吧。同样的道理，一分钟读一本书对于能够做到的人而言，是理所当然的事情。如果你也掌握一分钟读书法的话，你就会知道一分钟读一本书和刷牙毫无差别，都是融入日常生活中的习惯而已。

改变你的读书方法

迄今为止，市面上有很多介绍读书方法的书。既有提倡精读的论调，也有支持泛读的流派。在这些书中，几乎所有的读书方法都是以"应该花一两个小时读一本书"为前提，他们都认为"如果不认认真真去读一本书是没有意义的，读书不仔细的话，就只有类似一目十行这样跳读的读书方式了"。

而一分钟读书法则颠覆了这一前提。**因为一分钟读一本书与认真读书，完全能够兼顾。**

以前我演示一分钟读一本书的时候，曾有人问我："如果我就想慢慢读一本书时，应该怎么办呢？"我

回答他说："一分钟读书法也是在慢慢读书呀！"他非常不理解，因为他坚信一分钟读一本书这种速度是不可能理解书的内容的，一分钟读一本书就读书速度而言实在是太快了。

事实上，读完一本书的这一分钟，在人的大脑来看，时间是在慢慢流逝的。所以就时间感觉而言，**也许在外人眼里一本书只用了一分钟，但是正在读书的人却有一种读一本书用了一小时的感觉**。因此，虽然在别人眼中，一眼看上去读书的速度特别快，但是就读书本人而言却是在慢慢地看书。这就是一分钟读一本书的速度。

这样一来，读书方法就发生了改变。读书的前提从"要花时间去读书，不然无法理解其内容"，变成了"一分钟读一本书更能理解书的内容"。至于是精读好还是泛读好，也就成了无意义的讨论。**因为肯定是"精读也好，泛读也好"**。用一分钟读一本书的速度，再加上每年读1000本书的节奏来读书的话，肯定会越来越好。

"理应一分钟读一本书"，秉持这种观点出版的读书方法类书籍，是以前没有过的。其中，一分钟系列丛书销售已突破150万册，现实中向我求教的学生也已有很多人，相信理应用一分钟读一本书的人也在不断增加。

只是，我注意到在已经掌握一分钟读书法的人当中，有些人因为能够做到一分钟读一本书而使自己的人生得以成功，而有些人虽然做到了一分钟能够读一本书，但是他们的人生却并不成功。

是的，我们要明白，想要获得成功，仅仅掌握一分钟读书法这种技能是不够的，必须在一分钟读一本书这个前提下，掌握"能够走向成功的读书方法"。而这，正是我想要写这本《给青少年看的高效读书法》的理由。在这本书中，我将为读者介绍的是"能够一分钟读一本书，而且能够取得成功的读书方法"。

 成为"一分钟可以读一本书的自己"

很多人都想要一分钟读一本书，而这里的"想要"就意味着必须去努力。而一旦意识到身边都是"无法做到"的篱笆，只会看到层层障碍，那么最后只会导致失败。比起这种努力，如果你眼中看到的风景，与那些能够一分钟读一本书的人看到的是一样的话，那么你也能做到一分钟读一本书。也就是说，通过百分

之百的自身感受体会一分钟读一本书的"印象"之后，就能够轻松掌握一分钟读一本书这种技能了。

当你参加跳高比赛的时候，是看着跳杆起跳呢？还是想象着"我已经跳过去了"起跳呢？

很多人不能做到一分钟读一本书的原因就在于他"想要"做到一分钟读一本书。如果眼中只看到跳杆，那么就会撞到跳杆上了。出版这本《给青少年看的高效读书法》正是为了让你脑海中有一个"已经能够做到一分钟读一本书的自己"。

华特·迪士尼曾说，"如果你能梦想，那么你就能实现"。

诚如迪士尼所言，**如果你能想象到自己一分钟读一本书的样子，你就能做到一分钟读一本书**。如果你能够清清楚楚地想象到，自己已经做到一分钟读一本书的样子，那么这就是你读完这本书之后，收获的东西。

要不要成为一分钟读一本书这个世界的人，这由你自己决定。

石井贵士

第一章

用对方法，
人生将就此改变

01 读书是回报率最高的自我投资

要想做到一分钟阅读一本书，首先你必须明确读书对于你人生的重要性。并且不仅仅是在脑海中明确这一点，更需要你在潜意识里百分之百地坚定这个信念——**读书是件非常棒的事情**。

人们吃饭的时候偶尔会这么想："这种食品含有非常多的添加剂，好像对身体有害，但是没办法，还

是吃吧。"读书的时候千万不能有这种想法，而是要认为"其中富含对人体有益的东西，非常愿意吃"，只有一开始就抱有这样的想法，一分钟读一本书的时候，才能把书读进心里去。

因为读书的时候，如果你觉得"只是读本书而已，对人生也没有什么特别重要的"，那么潜意识里你的大脑就会刻意排斥书的内容，导致读书读不进脑子里去。因此，如果你不能深信"读书是一件非常有意义的事，读书对人生非常重要"，那么即使你能做到一分钟读一本书，你的大脑也记不住这些书的内容。

 ## 买书=向成功人士买时间

书，在所有的自我投资中，是回报率最高的一种。

一本书顶多百元，旧书的话，只有几元钱就可以买到。这么便宜的价格，却可以买到成功人士的时间。这是因为，每一本书的作者在写书之前，都在他的人生中反复经历着事情的失败教训。有付出了几十万仍然失败的作者，也有付出十余年时间却失败的作者。如果你用几十元钱就能买到他们这些失败教训的话，这点钱难道还算多吗？

就算一本一眼看上去非常容易写的书，作者至少也要花10天的时间完成吧。如果书里有插图的话，插图作者也要花费很多时间，会被要求反复修改多次才能最终成稿。而且，负责图书装帧的人也要花费时间去设计封面。同时，除了封面，为了让这本书独立成书，也是需要用心去制作的。此外，负责该书的编辑也是从早忙到晚，有时候家都没时间回，才能完成一本书。而出版社方面出版一本书就需要花费十几万元，只有投资这么多钱才能做出来一本书。书店的店员们卖一本书也就只能赚20%甚至更少的利润，为此他们也在辛勤工作着。看到这里，你会不会感叹"一本书竟然需要付出如此之多的努力，几十元钱实在是太便宜了"呢？

首先，热爱读书才能使读书这种行为有价值。有人觉得"一分钟读一本书，肯定读得马马虎虎"，其实这是对一分钟读书法的误解。一分钟读书法不仅能够理解书的内容，而且能够体会到编辑、出版社、插图作者、装帧者、书店店员们的努力。

获取信息的黄金三角边——书、教材、培训班

要想掌握信息，有三大手段：

1.从书本上学习

2.买教材学习

3.去培训班学习

这里的书、教材、培训班，就被称为获取信息的黄金三角边。此外，也许还有"偶遇某人、当场求教"等学习手段，但是在这些方法当中，通过书本、教材、培训班学习是最快的学习方法。

准备高考时，应该做好以下三种准备：1.买参考书、试题集学习；2.买培训班DVD教材学习；3.请家教、参加补习班等直接向老师学习。就价格高低来排序的话，顺序是培训班>教材>书。

虽然一本旧书只要几元钱就能买到，新书也只需几十元钱，但是我们却能够从书中吸收成功者的本质与精髓。

读书，是投资回报率最高的行为。能够做到一分钟读一本书，也等于你在成长的同时，学会了获得最高回报率的方法。

增加信息输入量，
提炼出有价值的信息

成功有两个必要因素，那就是：1.输入；2.输出。这里指的是输入人类大脑中的信息。如果没有输入的话，自然也无法向外输出了。有人会抱怨"总是想不到好主意"，这种人肯定是不怎么读书的人。如果一分钟读一本书并且大量读书的话，你的脑海中每天都会充盈着各种各样的想法。也会有人说"我想发表一

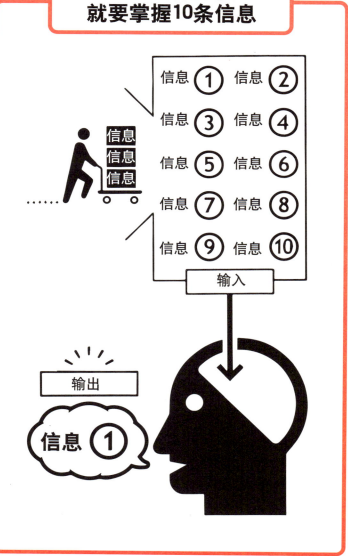

些精准度高的信息"，那么为了传达精准度高的信息，你必须大量向自己脑中输入相应的信息。

 ## 为了传达1条信息，必须储备10条信息

人们经常说主持人的工作，9成是提前准备好的。一眼看上去，人们很容易认为，主持人是在电视上露面的很风光的工作。但实际上，都是些采访，整理材料之类的很普通的工作。

要想在电视上出镜10分钟，就必须在台下踏踏实实准备90分钟。

要想自己传达出1条信息，就必须储备10条信息，删减其中9成才能做到实际播放。

如果平时说话就能养成删减9成信息的习惯，那么就能够传达出高精度的信息。

所以，削减9成不必要的信息，平时自然就能拥有10倍的信息量了。一旦拥有了"10倍的信息输入量是再平常不过的事情"这种想法，你就能够清清楚楚 地感受到自己处在了一分钟读一本书的世界里。

教材虽不能快进，书却能一分钟读一本

在输入信息中，教材虽然可以早早地邮递过去，但是大多数情况下，都必须跟随教材CD播放的速度学习，不能快进。参加小组学习时，也要花费4小时、8小时的时间，这对所有的备考生来讲，都是一样的。所以，不管是教材还是培训班，都不能使学习的速度最快化。

你有可能比别人更快地读完英文长篇文章，但是对于英语听力，你却无法和别人保持同样的速度。

然而，关于读书的速度，你却有可能把一小时读一本书的速度缩短为一分钟读一本书。

 提高信息输入效率，读书是最好的办法

要想提高信息输入的效率，提高读书的速度是前提中的前提。尽管如此，多数人却几乎完全没有进行过提高读书速度的训练。

这几乎是世界七大不可思议的事情之一了。

在书、教材、培训班中，唯一能够实现速度最快化的，只有书。所以，必须要学习读书的方法。

学习 2000 小时 + 行动 1 万小时 = 成功方程式

根据研究结果，婴儿听2000个小时英语就能开口说英语，听2000个小时日语就能开口说日语。所以，**学习的临界时间就是"2000个小时"。**

我在做主持人的时候，曾经进行过听2000个小时棒球实况转播的训练。在听了2000个小时之后，我很自然地就能够说出"投手投出了第一个球!"这种话。

觉得自己不擅长数学的人,学习2000个小时试试就没问题了。

觉得自己想不出做生意新点子的人,关于做生意创意的思考方法学习2000个小时就好了。

明白了"学习的临界时间是2000个小时",就不存在学不会的东西了,存在的只是没有付出2000个小时去学习的东西而已。

 ## 行动1万个小时,无法做到最快化

那么,只要学习就能成功吗?答案是否定的。要想成为专业人士,必须有1万个小时的工作经验。而且,这不是1万个小时相同工作的重复,而是不同经验累积下的1万个小时,这才是关键。

每年,比起一种工作重复干20年的人,那些工作20年但是每天的工作内容都不相同的人,他们的经验值更高。

没有每天都播报相同新闻稿的主持人。只有每天播报不同的新闻稿，如此10年、20年播报下去的人，才会被认为是出色的主持人。

因此，仅仅是行动1万个小时的话，不能实现最快化。

只有通过学习2000个小时，读书这样的方法才有可能实现最快化。因此，掌握快速读书的技能，是走向成功的必备的前提。

阅读 2000 本成功者的书

我辞掉主持人的工作，从零开始去追求成功，是2002年的事。当时，身边的人跟我说："你好不容易才成为主持人，放弃真是太可惜了！为什么要这么乱来呢？"

那时候我一直坚信"成功是很简单的事情"。因为我觉得要想获得成功，**只要读2000本获得成功的人写的书，再加上1万个小时的行动就可以了。**

没有定额限制的世界里，只要努力就能成功

抱有"成功多不容易啊"这种想法的人，不在少数。事实上，的确存在着成功不易的领域。

能够参加奥林匹克马拉松项目的人，整个日本只有排前三名的选手才有资格入选。

日本的棒球职业联赛，每年也只有指定的12个球队×6人=72人可以参加。

东京大学的入学考试也一样，因为规定好了名额是3000人，所以最后录取的也只有3000人。

所以，在人数有限制的世界里，成功是最难的。无论你多么优秀，只要有比你更优秀的人，那么被选择的就是别人。就算你100米只用9秒99就能跑完，但是只要有只用了9秒5的选手存在，那个人就会被选为代表出赛。

但是，经商能成功，当作家能成功，这是一个没有定额限制的世界。一年之中，不管有几个人成为亿万富翁，有几个人出书，都不会引来别人的抱怨。

定额世界里，只要存在比你优秀的人，你就无法取

得成功。但是，在没有定额限制的世界里，只要你肯努力，就一定能够获得成功。

阅读2000本书之后，潜意识里你就会认为自己是成功者

在听了2000个小时英语之后，人在潜意识里会认为"英语就是这样的"。

如果听2000个小时日语的话，也会改变想法认为"日语这种语言再正常不过了"。

付出2000个小时去学习某一领域的知识之后，人的潜意识就会被更改。

如果和烤肉店老板待在一起2000个小时，人在潜意识里就会误认为，经营一家烤肉店是再自然不过的事情了。

如果你的父母、兄弟姐妹，还有你的亲戚都是医生的话，那么你潜意识里就会认为自己也应该成为一名医生。

那么，当你读完了2000本成功人士写的书之后呢？

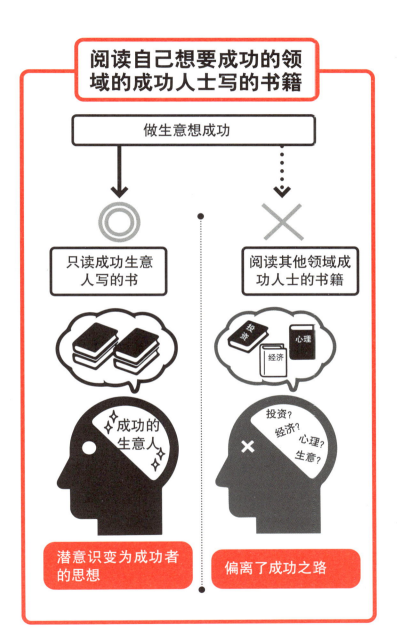

你的潜意识就会发生改变，会认为成功是非常自然的事情。当然，选择2000本自己想成功的领域的成功者写的书，这是关键。

就像你原本不想当会计，那么一味阅读当会计的成功人士写的书籍，结果你还是不想当会计。

你想在生意上取得成功，却一味阅读与投资相关的书，最后你也不会想成为投资家。

你明明想成一名棒球运动员，就不应该去找排球教练。但是，事实上也有人原本想当一名棒球运动员，但是偶然遇到了一位非常优秀的排球教练，最后改学排球这种情况。

还有人在做生意的困难时期，遇到了买卖股票赚大钱的老师，最后他们改行去炒股了，这种事也很多。

虽说书很有意思，但是阅读其他领域的成功者写的书籍，会使你偏离成功之路。

之所以读2000本书，是为了让你的潜意识变为成功者的思维。

为了这个目的，要将读书的范围锁定在自己想要成功的领域。

06

读书应在成功前，而非成功后

　　虽然想着"我想做生意时取得成功，所以就读那些成功生意人写的书吧！"，但是如果你不管哪种成功方法的书都读的话，最后你就会偏离成功之路。

　　如果是成立一个大企业，规模在1万名员工左右，那么读一读松下幸之助这种大企业家写的书会比较有用。

　　如果是梦想着让自己的公司上市，那么读2000本已经实现公司上市的人写的书就可以了。

　　如果是员工10人以下的公司，想达到年收益几千万元的目标，那么就读已经完成目标的人所写的书。

　　如果是想成为一名成功的自由职业者，那么只读那些成功自由职业者写的书就可以了。

　　说到做生意，虽然都是做生意但是取得成功的方法不尽相同，如果你每种有关成功方法的书都看的话，最终就会偏离自己的成功之路。

　　当你想要提高销售量的时候，是没有必要去考虑要不要上市这种事的。

　　如果你想上市，那么从上市这个结果反方向出发开展生意是最快的做法。

　　如果你不想学习企业管理，那么就选择员工10人以下的方式。

　　即使经历了员工因为压力倒下、面临着各种各样的问题，你还是想做一番大事业的话，那就往增加员工数量的方向迈进。

从目标反推
走向成功

 ## 确定好目标进行反推，能够最快成功

身高1.6米和2米的排球运动员，他们的成功之路是不同的。身高1.6米的排球运动员，要读那些同样没有身高优势却最终取得成功的运动员写的书。

成功以后再读书这种想法，就好像还没有决定去哪儿就坐上飞机起飞了一样。

先确定好目的地，然后从目的地反方向出发，是最快的成功之路了。

读 2000 本专业相关书

"原来是这样啊，读2000本书就可以了呀。"有不少人是这么想的吧。

那么有一个难题就出现了，那就是"我想成功的领域，与之相关的书并没有2000本啊"。

我自己也遇到过这样的事情。我想成为荣格心理学的专家，但是图书馆里与荣格相关的书还不到70本。我辗转了很多个图书馆，最后能找到的书也不到100本。

所以，新的规则就产生了。那就是**"阅读专业领域书籍200本。加上周边相关领域的书总计2000本"**。

这样一来，虽然与荣格相关的书只有不到100本，但是加上这个领域之外的书，比如心理学全集这种多少都有提到荣格的书籍，就能达到200本了。然后，就是阅读和荣格相关的精神分析学家弗洛伊德的书。还有就是荣格本人感兴趣的共时性研究、超自然现象以及魔术等周边领域的专业书，这样全部加起来，就能有2000本了。

我辞掉主持人的工作，无固定职业之后，有这样一个目标，就是经营一家员工在3人以下、年销售额一千多万日元规模的公司。所以，我仅仅阅读那些员工3人以下、年销售额一千多万日元公司的经营者写的书。此外，还阅读有关商业交易、商业创意的书，加起来超过2000本。

不仅仅是专业领域，将周边相关领域的书加在一起，就能阅读2000本以上了。

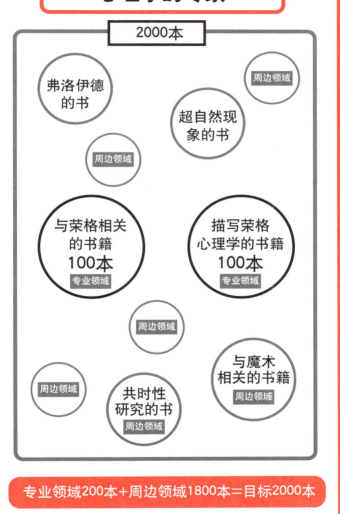

为了成为荣格心理学的专家

2000本

- 弗洛伊德的书
- 周边领域
- 超自然现象的书
- 周边领域
- 与荣格相关的书籍 100本 专业领域
- 描写荣格心理学的书籍 100本 专业领域
- 周边领域
- 周边领域
- 共时性研究的书 周边领域
- 与魔术相关的书籍 周边领域

专业领域200本+周边领域1800本=目标2000本

一天最大读书量 20 本

　　"一分钟能读一本书的话，就可以做到大量读书啦。1小时有60分钟，所以一小时可以读60本，2小时就能读120本书了！"可能有人会产生这样的误解。

　　很遗憾，一分钟读书法并不是这种"批发销售"。

　　虽然读一本书只用一分钟，但是你大脑内的时间，却是在慢慢流逝的。也就是说，大脑的疲劳程度和一小时阅读一本书是一样的。

一分钟读一本书，相当于把一小时的疲劳程度浓缩到一分钟之内。

如果你一天读10本书，就相当于10个小时的疲劳程度。如果你一天读20本书，就相当于积攒了20个小时的疲劳。

那么，我一天最大的读书量是多少呢？38本。但是，虽说我能够读38本书，但是头脑已经相当疲惫，读完书后的数个小时之内，我已经完全没法着手去做其他的事情。当然，当38个小时的疲劳积攒在大脑中，出现这种情况也很正常。

从我的经验来说的话，"**一天最多读20本书**"就可以了。因为如果不这样做的话，之后数小时之内大脑会一片空白，什么也做不了。

如果你无论如何都要以最快的速度成为某个领域的专家，那么一天读20本书就最好了。这样算下来，一天读20本书，10天就是200本，100天就是2000本。即便如此，一天20个小时的疲劳程度算下来，也已经是相当辛苦了。但是一天读完20本书后，哪怕去做其他的事情也不会有什么太大的影响，所以请把一天最大读书量定在20本吧！

 ## 让一天读3本书成为习惯

一天最大的读书量是20本。那么一天最合适的读书量是多少呢？答案是"3本"。早、中、晚各一本也可以，晚上读3本也可以，或者集中起来读3本都可以。

日常生活中能够轻松掌握的，就是一天读3本书。

实际上，我向学员们推荐的，也是一天读3本书。因为一天读3本书最舒适，而且大脑也能记住书的内容。

如果说想更努力一点，一天读几本书合适呢？我推荐是9本。早、中、晚各3本也可以，一口气读完9本也都没问题。

如果你想做到一分钟读一本书，就要树立以下3个目标：

1．一天3本是基本

2．想努力时，一天9本

3．必须做到极致时，一天20本

要想做到一分钟读一本书，一天读3本书是最容易

每日读书的3个目标

掌握的。对于那些一天只想读一本书的读者，我建议你去10分钟读一本书的速读教室学习。因为10分钟读一本书的速读教室的目标就是"一天读一本书"。

掌握一分钟读书法，与轻松实现一天读3本书，这两者之间其实是可以画等号的。

每个月留出买 20 本书的预算

　　一天读3本书，如果是买新书的话，一本几十元，3本就是一百多元。这样一个月30天，买书费就不少了。所以，也许会有人感叹"这可不是个小数，都买了书就没有办法过日子了"。

　　所以，我提倡的是"每个月留出买书的预算"，新书、旧书都可以买。

　　但是，如果从1月到10月每个月花很少的钱买书，11月、12月这两个月花很多的钱买书，这种不断提高购书金额的买书方式是不可取的，请不要这么做。

　　与此相反，我建议大家，1月、2月这两个月花费多一些，从3月到12月每个月花费少一些这种方式。

　　为了不降低每个月的买书预算，应该将钱集中在上半年度使用。这样一来，很容易在潜意识里形成"一分钟读一本书很正常"这种观念。

　　以前，有的学生会在结束培训学习后的一周内购买1000本图书。虽然新书、旧书加起来花费接近100万日元，但是他从心里清楚地知道，自己已经可以做到一分钟读一本书了。

　　要想树立起一分钟读一本书是再正常不过的观念，就要不断加快树立自己是成功者的自我认知，这样掌握起来就会快得多。

每个月留出买书的预算

不断提高金额的买书方法会
耽误你掌握一分钟读书法

1～10月
每月1万日元

11月
25万日元

12月
25万日元

前期买书金额高会帮你形成
自己是成功者的认知

1月
25万日元

2月
25万日元

3～12月
每月1万日元

书最好去买，不要在图书馆借

有人会说："我没钱，所以在图书馆借书吧！"最好不要这样。

图书馆这个地方，我自己很少会去。

我一直指导学生坚决贯彻这样一个原则，就是在确定掌握一分钟读书法之前禁止去图书馆。

很多人会说："为什么呢？图书馆有很多书，可以随便读，能做到一分钟读一本书的话，应该去图书馆啊！"但是，在我的方法里，"最好不要去图书馆借书看"。之所以如此，是因为"在图书馆，人们会觉得书是免费的，导致书的内容难以深入大脑"。

一本书，哪怕只花了几元钱，也是花钱买来的东西。

书，是能够与自己血肉相连的东西。

就好比，任何人都不能仅仅依靠超市的试吃来解决吃饭问题。

书，就要自己掏腰包去买。这样一来，人们潜意识里就会觉得"几十元钱一分钟啊，不读太浪费了"。如此，就算是一分钟读一本书，书的内容也会深入脑海。

"我不想每个月都花那么多钱买书，太浪费了。"如果这么想，那就证明书对你而言，并没有那么重要。

我从失业的时候开始，就每个月花很多钱买书。即使借钱，我也要投资在购书上。正因为做到如此地步，我才成为现在能够一分钟读一本书的自己。

话虽这么说，有时候也会有不去图书馆就得不到参考资料的时候。作为特殊情况，我特意设定了这样一

条规则："如果每年买书花费太多的话，去图书馆也可以。"

如果你不能潜意识里百分之百地确定"我是舍得为书花钱的人。我认为书特别重要"，那么即使你做到了一分钟读一本书，你的大脑也不会吸收书的内容。

可能会有人觉得我这是精神论，认为我的说法是错误的。是的，没错，我的确是精神论，这一点我承认。但是，从实际的实验结果来看，有不少人去了图书馆之后，原本掌握的一分钟读书法技能就衰退了。

但是参加了我的培训班，所有人都能做到一分钟读一本书。参加人数有很多人，没有一个人失败，学员全部掌握了一分钟读书法。但是，我多次目睹了学员去图书馆之后，技能明显退步的案例。准确来说，他们一分钟读一本书的速度并没有改变，但是对于书的内容却完全没有理解。

究其原因，是因为他们脑海中认为"花钱购买的东西＝重要的东西，所以当然要记住""没花钱的东西＝不重要的东西，所以进不到脑子里去"。

所以，一分钟读书法，正因为其高效，所以也存在着反作用。

只有买书阅读才能成为血肉

✕ 从图书馆借来的书

反正也是免费的

◎ 自己买的书

1500日元1分钟就能读完

因为珍惜自己买的书，所以内容就会深入脑海

翻书的速度 = 大脑的处理速度

一分钟读一本书的训练，是一种让人一边一分钟之内读完一本书，一边让书的内容直接深入脑海的操作。

好像存在一种观点，他们认为"先将书的内容深入潜意识中，之后再进行输出信息工作"。

而我的观点是通过一分钟读一本书，直接将书的信息传递到脑海中。因为我认为如果是读完书之后还要进行输出信息的工作，那么这就不能称之为一分钟读一本书了。

虽然用一分钟读完一本书，但是还要花59分钟的时间去回想书的内容的话，就和一小时读一本书是一样的了。

使翻书的速度，与大脑处理信息的速度同步。这就是一分钟读书法。

这种情况，会让人形成一种印象，展开的2页书都能印入大脑，大脑利用时间差，会删减不重要的信息。

第二章

One Minute Leading
的结构

01

一分钟读书法的
One Minute Leading

　　"一分钟读一本书，这个是速读之类的东西吗？"
至今为止，我已经无数次听到别人问我这个问题。一
分钟读一本书是完全有可能的。但是，这并没有使用
所谓速读的技巧。

　　一直以来，我都希望大家不要因为一分钟可以读一
本书，就把这种方法列入速读的范畴。

　　已经掌握一分钟读书法的人，明白这并非速读，却能做到一分钟读一本书。还没有掌握一分钟读书法的人总是觉得一分钟读一本书就是速读。

　　即使我反复说明这不是速读，两者完全不一样，仍然有人说"不对，这肯定是速读的一种"，轻易把一分钟读书法归类到速读范畴。

　　翻斗汽车和赛车，都是汽车的一种。两者都有4个车轮，确实都归属于汽车这个概念范畴。其中，速读法和一分钟读书法这两种技能的差别，比翻斗车和赛车之间的差别更大，希望大家能够认识到这一点。

　　野槌蛇^{注1}就是野槌蛇，它和眼镜蛇是不同的。

　　的确如此，看上去两者都是"用手拿着书"，在这件事上两者是一样的。但是，从方法体系本身来讲，一分钟读书法和速读是完全不一样的。只有领会了它和所谓速读法的不同，才能掌握一分钟读书法这种技能。

　　这种一分钟读一本书的技能，就叫作"One Minute Leading"。

注1：野槌蛇是一种想象中栖息于日本各地的毒蛇。头大，体短而粗，有剧毒，甚于蝮蛇。因传说其体形近似敲打稻草的棒槌而得名。

你的目标不是学会速读，而是掌握One Minute Leading，做到一分钟读一本书。

 ## 不是Reading，而是Leading

One Minute Leading，并不是表示读书的Reading，**而是Leading，意味着"引导""带领""感受"。意思就是，一分钟理解书本内容的引导技巧**。

可能会有人抱怨说："这不就是个单纯的文字游戏嘛！"但是，这真的是在说Leading这种技能，我也没有办法。

那么，除此之外Leading还有怎样的手法，还存在着：记忆Leading、卡片Leading、水晶Leading。

治疗专家通过瞬间解读顾客的"过往记忆"，能够治愈顾客的心灵创伤，这就是记忆Leading。

读书的时候，不是眼球一字一句地看，而是通过直观感受一下子读懂，这就是Leading。

在你看塔罗牌的瞬间，占卜师就进行占卜，这也是

不是"读书"，而是"引导"

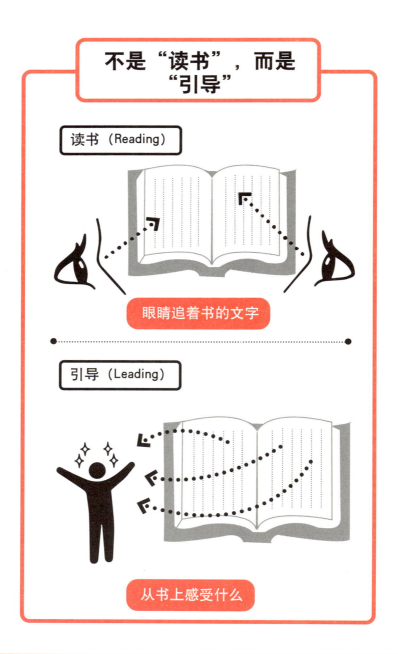

读书（Reading）

眼睛追着书的文字

引导（Leading）

从书上感受什么

Leading。

在塔罗牌中有一张牌是太阳牌。如果你首先看到的是太阳，代表你快成功了，如果你首先看到的是婴儿，那就表示你快生育小宝宝了。

"你看到塔罗牌的瞬间，脑海中出现的幻象，就代表了一切"，这就是Leading的世界。看水晶的时候，通过想象那些模糊的画面赋予其意义，就是水晶Leading。

总之，Leading的世界，就是在看到的瞬间弄明白了一切。把这种方法应用到读书上，就是One Minute Leading。

02

一分钟读书法的 3 个训练阶段

为了做到一分钟读一本书，需要进行3个阶段的训练。这3个阶段是：

1.Ten Minutes Leading（10分钟阅读）

2.Five Minutes Leading（5分钟阅读）

3.One Minute Leading（1分钟阅读）

进行这3个阶段的训练，一分钟读一本书就会变得顺理成章。

那么，为什么故意用10分钟、5分钟读书呢？这是因为**10分钟读一本书、5分钟读一本书，会让人的大脑感到"失去知觉般的缓慢"。**

 ## 10分钟读一本书，是慢速度

很多人会觉得10分钟读一本书的话，是非常快的速度。其实并非如此。10分钟读一本书，是连苍蝇都能停在书页上的非常缓慢的翻书速度。

首先，10分钟读一本书的训练，是为了让大脑形成"10分钟读一本书真是太慢了"这种认识。让大脑形成"太过分了，10分钟读一本书，这是多么痛苦的修行啊"这种时间感觉，然后从这种感觉出发开始学习。

接下来要进行的，就是5分钟阅读训练。在体会到10分钟读一本书速度极其慢之后，必须要感受到即使5分钟读一本书也太慢了。

当你的大脑百分之百地认为有以下感觉是理所当然的时候，你就会感受到一分钟读一本书是一件特别舒

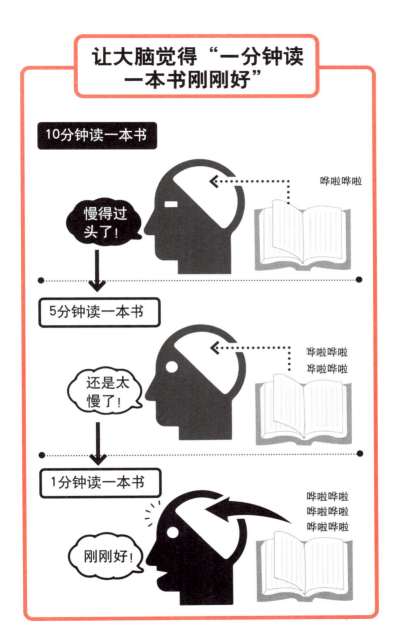

服的事情。这些感觉就是：

1．10分钟读一本书——失去知觉般的缓慢。连苍蝇都能停在书页上的翻书速度。

2．5分钟读一本书——好慢。速度再不快点，我都要受不了了。

3．1分钟读一本书——这是最适合我的速度了。但是，还是有点慢啊。

Ten Minutes Leading 的训练方法

首先，右手拿书，左手翻页。这是规则。

其次，脑和身体的联系，是呈左右相反的状态，所以右脑和左手相联系，而左脑和右手相联系。人类的潜意识，是和左手相关联的。翻塔罗牌的时候，用的也是左手而不是右手。

因此，不用右手而用左手来翻书的人能活化右脑，更能够做好导读。

右手拿书，左手翻页，是掌控时间时使用的时空体系规则。

1、2、3（1秒×3）看右边书页

4、5、6（1秒×3）看左边书页

最开始的时候，在心里默念1、2、3、4、5、6，习惯之后就不再默念，而是直接用这个速度进行训练。

 ## 训练过程中，眼睛不要追着文字看

这时最重要的一点就是"眼睛绝对不要追着文字看"。因为眼睛想要追着文字看的话，就有点像是速读的延伸了。

这和看水晶时，3秒钟看水晶的右半部分，3秒钟看水晶的左半部分，是一样的感觉。

因为毕竟是书，书里写满了文字，这时最重要的就是不去注意那一切。因为这并不是看书的训练，不要打算去理解文章的内容。

Ten Minutes Leading的训练流程

1 右边书页看3秒钟

2 左边书页看3秒钟

3 左手翻页重复以上步骤

下一页

眼睛不要追着文字看，不要试图去理解内容

　　心无杂念，是掌握该方法的关键。因此，在进行10分钟读一本书的训练时，有两个规则：

1.眼睛绝对不能追着文字看。

2.丝毫不能有想要理解内容的冲动。

Five Minutes Leading 的训练方法

Ten Minutes Leading的训练结束之后，马上进入Five Minutes Leading的训练，一分钟也不能休息。训练的关键就是要连续进行，要按照这个节奏继续进行Five Minutes Leading训练。

Five Minutes Leading训练，用1秒钟看右边页，然后用1秒钟看左边页。当然，眼睛追着文字看是禁止

的，试图理解文章内容也是禁止的。

即使眼睛稍微有一点追看文字，训练也是失败的。 这样的情况不管怎么训练，都没有意义。

请把想读书的冲动降为零

现在你仍然还会觉得这是速读的一种吗？这里只是把水晶换成了书而已，把塔罗牌换成了书而已。如果没有这种感觉的话，那么无论如何训练，这一生，你都不会达到一分钟读一本书的境地。

大多数人在拿到一本书时，总会产生"想读"这种冲动。我作为指导者，屡屡告诉大家"不要去读"，如果你不听我的话，随便开始阅读的话，就像我说的，我们是无法进行训练的。

事实上，在我们集训小组中，一直都把"请把想读书的冲动降为零"作为宗旨，来进行训练。

右边1秒钟，左边1秒钟，翻书1秒钟，花了300秒钟。这样算下来刚好花了5分钟。

Five Minutes Leading的
训练流程

1 右边书页看1秒钟

2 左边书页看1秒钟

3 左手翻页重复以上步骤

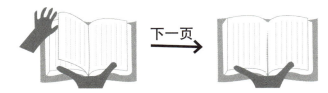

Ten Minutes Leading训练结束之后，马上进行

One Minute Leading 的 训练方法

Five Minutes Leading训练完成之后，趁势立刻进入One Minute Leading的训练。

这次，只是翻书。

需要注意的是，"这里翻一页不是用1秒钟"。必须记住，如果做不到0.5秒翻一页书的话，将来什么内容也不会进入脑海。

是的，这个学习体系最后会出现的是，会翻书而掌握的人，和不会翻书所以掌握不了的人。并不是头脑聪明的人就一定能做到。只有领会翻书技能的人，才能最终进入One Minute Leading的境地。

无论我说多少遍"翻书方法是非常重要的"，总会有人误认为"不是这样，翻页方法应该并不重要。重要的应该是大脑里引起的某种化学变化"。但是事实就是，翻页方法的好坏，决定了书的内容能否进入你的大脑。

能够扎实翻页的时候就能理解内容，而不会翻页则理解不了书的内容，这就是一分钟导读法的世界。

翻页快的人，大脑的信息处理速度也会变快。

如果还是觉得这种方法是速读的延伸，是速读法的一种，那么你一辈子也做不到一分钟读一本书了。

 努力不去感受书的内容，就能感受到内容了

过去，曾有100多个人问过我："按照一分钟读

一本书的节奏，好像什么也没有感受到，应该怎么办呢？"

很多人都是一边想着"去领会书的内容吧""去感受点什么吧"，一边去翻书的。所以，他们才什么都感受不到。

重要的是，无我的境界。

当你完全抛弃了想要了解内容的自我时，内容自己就会跑进你的脑海中去。One Minute Leading和修禅很相似。应该是这样一种感觉："感受万物本来的姿态。为此必须舍弃自我。当自己感受不到自己存在时，万物都会印入你的脑海。"

当你觉得书是书时，你会不自觉地涌现读取书的内容这种冲动。

只有当你觉得仅仅是用书替换了水晶，用书页替换了塔罗牌的时候，书的内容就会进入你的脑海中。One Minute Leading，不是速读的一种。

只有当你不再认为书是书时，你才能感受到书的内容。

当你不再认为书是书时，就能感受到书的内容

06

最快两天即能掌握
One Minute Leading

事实上，在我组织的集训培训班中，所有的参加者都在两天内做到了一分钟读一本书。（准确地说，行程安排是第一天做到一分钟读一本书，第二天让大家确定自己已经做到一分钟读一本书。）

虽然是小额班制，但是我建议感兴趣的读者，一定要来参加集训形式的培训班，接受真正的训练。

但是另一方面，因为有很多人希望知道集训训练的内容，说是哪怕只知道名称也好，所以这次我就特别针对那些无法来参加集训培训班的人，给大家简单介绍一下训练方法。

One Minute Leading的简易训练方法

1. 先进行Ten Minutes Leading训练（10分钟）

2. 同一本书进行Five Minutes Leading训练（5分钟）

3. 同一本书进行One Minute Leading（1分钟）

这样是16分钟。结束之后休息4分钟，总共是20分钟。

请选择一本200页左右的书。（注意，不要选择300页、150页左右的书。）

接下来，选择一本其他的书，重复以上步骤。然后，再选一本书进行重复操作。3本书，每本20分钟，

总共60分钟。此时已经很疲劳了，休息30分钟。

请记住，3本书90分钟是一组。这种3本书90分钟的组合，连续进行3次。

90分钟×3次，也就是4个半小时的训练，是第一天的内容。

第一天进行9本书的训练。读9本书已经相当疲劳了，没有必要再多了。

接下来，是第二天的训练内容。

第二天，进行一次3本书90分钟的组合练习。

之后，仅使用One Minute Leading训练法，练习20～50本书。

当然，所有的书都是不同的。（虽然我之前说一天最大读书量是20本，但是这次主要是进行翻页方法的训练，所以需要练习20本以上。）

以上就是One Minute Leading的简易训练方法。

简易训练的流程

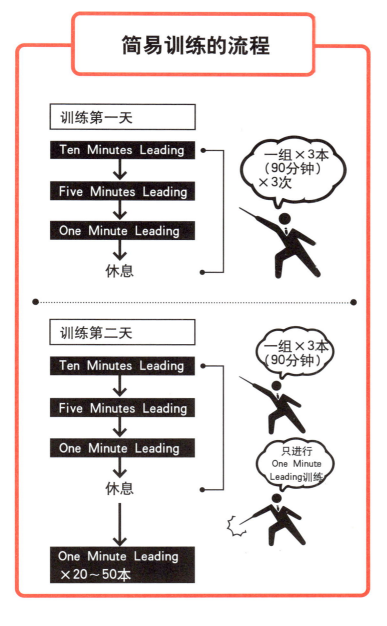

One
Minute

第三章

"One Minute Leading" 与 "速读法" 的区别

"One Minute Leading"
与"速读法"完全不同

　　"一分钟读一本书，是速读吧？"总是会有人这么问我，甚至到了令人厌烦的程度。虽然本书中不断说明"这不是速读"，但还是会有人坚持"这就是速读呀"。很多人总是用自己头脑中固有的概念去理解事物，总是想把完全未知的东西，和已经知道的东西进行比较。

　　把一分钟读书法和速读法进行比较的人，就是这种情况。因为他们觉得一眼看上去，能够快速阅读似乎是两者的共同点。但是速读是10分钟看一本书，**而一分钟读书法则是一分钟看一本书**。

　　把速度相差10倍的东西进行比较，是没有意义的。就像把跑步达到时速20千米的人，与时速200千米的新干线（高铁）进行同类比较，能比出什么来呢？会变成跑步人与新干线的不同吧。

　　即使如此，还是有很多人经常问我，一年能被问到100次："一分钟读书法和速读有什么不同呢？"虽然我不清楚讨论差异如此巨大的两个方法有什么意义，但是这几乎是所有人都会提出的问题，所以我想接下来对这个问题进行正式的解答。

One Minute Leading
教你0.5秒读完双页

速读是一字一句追着看。因此，读书的速度不可能快过眼睛追看文字的速度。即使努力去做，阅读2页书，至少也要4秒钟以上。

但是一分钟读书法，只需要0.5秒钟的速度去看2页书。一瞬间看到的2页书的内容，通通都能进入大脑中。

是去花费时间，还是只需一瞬间，是两者最大的不同。

 ## 速读以"每分钟读多少千字"为目标

一分钟读书法的目标是，0.5秒钟看2页书。

速读，顾名思义，目的是"快速读书"。因此，**存在着一分钟读3000字，一分钟读1万字这种目标**。比起一分钟读1000字的人，能做到一分钟读2000字的人就被认为很优秀了。但是，不管如何努力，总是会存在孰高孰低的优劣比较。

而一分钟读书法的决胜关键，是能够做到0.5秒钟翻一页书。如果速度比0.5秒钟快，就很难把握内容，而速度1秒钟的话又太慢，也无法理解书的内容。

有人误认为一分钟读书法是1秒钟读一页书。也有人觉得一分钟读书法是1秒钟读翻开的左右2页书。

这两种看法，都不对。

一分钟读书法，是0.5秒钟看左右2页书。如果是200页的书，1页1秒钟的话是200秒，左右2页1秒钟的话是100秒，左右2页0.5秒钟的话是50秒。

在42.195千米的自由马拉松比赛中，用时2小时30分钟的人，与用时5小时的人、用时10小时的人，速度是完全不同的。

就像是应届考上大学，复读1年考上大学，与复读3年考上大学，也是不同的。

同样，1页1秒钟，左右2页1秒钟，与左右2页0.5秒钟，也是完全不同的。

也许有人觉得："仅仅是以秒为单位的小差异吧？就是相同的东西啊！"但是，如果是从我们长长的一生考虑，把时间缩短到以秒为单位，那就会产生巨大的差别了吧。

20岁时做到一分钟读一本书，与60岁时做到一分钟读一本书，这两者谁会把仅有一次的人生过得更有意义，答案不言而喻。

在我们宝贵的一生中，尽可能趁着年轻去高效地利用时间，是最好不过的了。

在培训班中，有小学五六年级的学生。他们和五六十岁的人一起，做到一分钟读一本书。小学生做到一分钟读一本书的话，他们在各种考试中都能游刃

有余。

即使是电视广告，15秒钟的电视广告也要花费很高的费用。在广告中，有些时候，1秒钟就有100万日元的价值，就是将单位压缩到秒来计算的。

而且，在人生的年轻阶段，非常有必要学习将单位压缩到秒来计算的方法。

One Minute Leading
眼球无须动

速读，需要一边上下激烈地转动眼球，一边看书。但是现实中，肯定有人在看到过运用速读的白领女性之后，觉得："无论你看书看得多么快，你也无可救药了。"

眼球剧烈运动的样子，在别人看来会很帅吗？做到速读的话，别说帅不帅了，甚至会有不再受欢迎的

危险。做到速读=不受欢迎的人生，应该不会只有我这样觉得吧？

 ## 模糊焦点，绝对不可以

一分钟读书法，不需要眼球移动。

有人问我："眼睛要看哪儿呢？"其实，并没有要特别盯着哪儿这一意识。就和平常一样，只是看着左右2页书就好。

也经常有人问我："是要模糊视线焦点再看书吗？"在速读的观点中，有的观点是要求模糊视线焦点去看书的。

一分钟读书法，只是要求在0.5秒钟之内把左右2页翻开的书看进脑子里去。**模糊视线焦点的时间，是不存在的。**

One Minute Leading 理解就出局

速读中的某些观点，存在理解能力考试这种东西。就是在读完之后，测试你记不记得书里写了些什么。

在One Minute Leading训练中，想要去理解内容的冲动是绝对禁止的。要从大脑中消除理解这一概念。

想去理解，你就出局了。比起理解，"明白了"

这种感觉更重要。

One Minute Leading的目标，是"明白"的感觉

速读是以"理解"为目标，而One Minute Leading则是以"明白"的感觉为目标。

相扑运动员，胖一些会更有利。

做模特，瘦一点更有利。

相扑运动员，瘦了的话不被允许，胖了的话会被说"很好"。

做模特，胖了的话不被允许，瘦了的话会被说"很好"。

同样的道理，学习速读，仅仅有明白的感觉不行，理解了才会被说可以。

而One Minute Leading去理解是不被允许的，仅仅是明白的话才会被认为可以。因为速读与One Minute Leading的目标是不同的，所以速读要求的指标，在One Minute Leading的一切中，都是不相容的。反之同理，One Minute Leading的目标，在进行速读训练的时候，也是完全不适用的。

速读和一分钟读书法的目的

速读

读完后

这个……

理解了多少？

读完后，是否理解是关键

One Minute Leading

一分钟

明白了！

是否明白是关键

One Minute Leading
眼睛不累，手和脑累

速读的时候，眼球必须转动。一直努力看书，看到最后，眼睛会很疲惫。

One Minute Leading并不需要移动视线，所以眼球不用动，眼睛也不会累。**那么，说到眼睛不累的话，什么会累，答案是手比较累。因为必须要以**

0.5秒翻一页的速度翻书。

在培训班中，也有很多人发表意见说"累的不是眼睛，而是手"。

 ## 进行One Minute Leading，大脑会觉得累

不仅仅是手，还有其他地方会觉得累，那就是大脑。让1个小时感觉起来像1分钟，大脑是在以平时60倍的速度运转着。所以，进行10本One Minute Leading的练习之后，大脑就会疲惫不堪了。3本左右还没有问题，如果进行10本以上One Minute Leading的练习的话，最好就不要再开车，或者做需要用脑的工作了。因为大脑处于刚刚全速运转完的状态。

一分钟读一本书，在旁观者眼中，很容易认为这是以非常快的速度在读书。但是对于正在读书的人来说，时间只是在慢慢地流逝，他们一边觉得时间过得好慢，一边在看书。一分钟读一本书的人，与一小时读一本书的人相比，大脑的疲劳程度并没有区别。

速读与One Minute Leading的疲劳方式

速读

因为眼球不停地转动，所以眼睛会累

One Minute Leading

眼睛不累，手和大脑很累

One Minute Leading
无须关注关键词

有人问："一分钟读一本书，是关键词阅读吗？就是选取关键词进行阅读吗？"并不需要选取关键词。

只是左右2页书的内容，很自然地进入大脑而已。

不是只阅读书中的粗体字，也不是只阅读和自己有关系的内容。只是，翻页而已。这与所谓的关键词

阅读法，完全是两码事。

One Minute Leading中，不存在目的意识

有一种速读流派要求："你想从这本书里学到什么？请事先考虑清楚再阅读。"如果是怀有某种目的去看书的话，看着看着就会朝着目的以外的地方去了。

持关键词阅读法、跳读法等观点的人，非常重视目的意识。

One Minute Leading这种方法，如果硬要说的话，目的就是翻书。关于书的内容，并不需要怀着某种目的意识去阅读。

One Minute Leading，内容轻松入脑

学习速读的时候为了更好地理解内容，自己必须不断努力。需要自己一边想着"要加油啊"，一边看书。

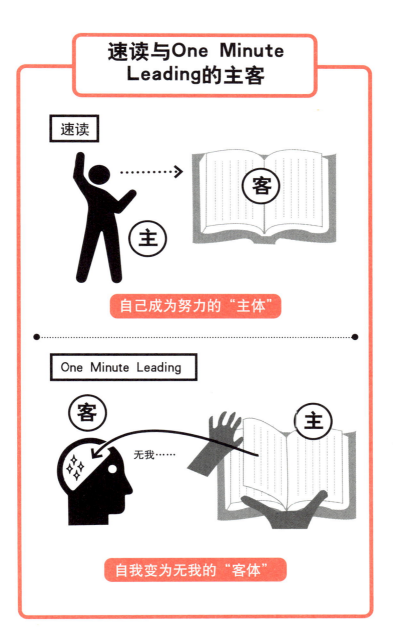

One Minute Leading的训练，是一种只要翻书，书的内容就会轻松入脑这种感觉。只需要进入无我的境地，去翻书就好了。

速读中，自己是主体，书是客体。One Minute Leading中，自己是客体，书是主体。

需要自己不断努力的是速读。自我无限接近零，让书本去努力，这就是One Minute Leading。

就像苦口婆心地努力劝导女性喜欢自己，与女性主动喜欢上自己，这两者之间的区别。

速读与One Minute Leading，与书的亲密程度，是完全不同的。

您觉得怎么样呢？我觉得一分钟读书法与速读的差别是如此之大，真的有比较的意义吗？但是因为提问的人特别多，所以我才特意设定了这章内容。

速读，是一种"快速读书"的方法体系。

One Minute Leading是用0.5秒钟翻页，并且书的内容以这个速度直接进入大脑，这样一种体系。

这与记忆Leading、塔罗牌Leading、水晶Leading属于同一类别。用书取代水晶，右手拿书，来弄懂内容，就是One Minute Leading。只有这样想以后，才能把一分钟读书法从"速读的一种"这个观念中提取出来。

第四章

成功者与平庸者的
读书术

**不读书的生意人
不会有光明的未来**

做生意的人中，存在一些不读商业书籍的人。原本，不去书店的生意人也大有人在。或者不如说，大多数人会这么认为："反正读读书什么的，也不可能成功。对于没有意义的事，又何必去浪费金钱呢？"

我在做主持人时，也曾遇到过类似的事情。那时候

我买了大量的书，放在书桌上，但是竟然有人非常生气地指责我说："你读这些书能怎么样？石井，你为什么要做这种毫无意义的事呢？"这个人说："主持人这份工作主要靠说话，你有空读书的话，不如多和人去说说话吧！"

而在那段日子里，我总是默默地，以每天3本书的速度坚持看书。多亏了这种坚持，让我从公司辞职之后，也能够自立。

读书的人，他们目光的神采是不同的。读书越多，大脑中输入的信息量就会越大。在拥有庞大信息量的状态下工作，你就能完成与之相应的高质量的工作。

当然，并不是说只读一本书，就能够让你的工作能力一下子大幅度提高。只有大量的阅读，比如读了100本、1000本书之后，你才能慢慢转化为"成功的大脑"。

不读书的人总是觉得："读一本书不能改变人生的话，还不如不读。"

而读书的人会这么想："如果读1000本书，人生能有一点变化就好了。"

不要一记直拳打不倒对手就觉得失望，而是去想，要出拳1000次去击打对手，直到把他击倒。

 ## 为了成功，没有比书更便宜的东西了

不读书的人会说："一本书就要几十元钱，太贵了。"

读书的人觉得："一本书才几十元钱，实在太便宜了。"

书，是比自己更擅长这个领域的人，用10天～1个月，花费长达半年甚至更长的时间去写成的东西。成功者所耗费的时间，用区区几十元钱就能够买到。如果他请了导购推销的话，一小时要花费5万～10万日元。

即使对成功人士说"1小时付您100万日元"，也有可能会被拒绝。但是通过书就可以和作者进行接触，所以说几十元钱到底是贵还是便宜呢？那可以说是非常便宜了。

通过看书，也能体验到前辈们做事情时犯的错误。如果书里有"这则广告让我们损失了1000万日元"这种失败的教训，你就能防患于未然，避免1000万日元的损失。

金钱上的损失，尚可挽回。最可怕的，是时间上的损失。

当你读书时，如果能明白"现在就职的公司没有前途。这是个10年后就会消失的行业"，那么你可以现在马上就跳槽到其他的行业。

如果有以下两种选择：**1.不读书，10年后突然失业的人生；2.通过看书马上从现在的公司辞职，10年后变为亿万富翁的人生**。那么，第2种选择难道不是更好一些吗？

生意人不读书，后果是致命的。尽管如此，大部分的公司职员几乎都不读商业书籍。这种现实，对爱读书的你来说，就是很大的机遇。只要阅读商业书籍，作为一个生意人，你就能进入顶级的集团企业。

写一本书，作者要花费接近1000万日元

写一本书，作者需要付出时间与劳动。这个前提是，同时也花费了大量的金钱。

写备考书籍的作者，在小学考试、中学考试、高中考试、大学考试以及补习费等方面，都花了钱。全部算起来，应该花了1000万日元左右。如此，才终于写成一本书。

如果一本书卖不好的话，甚至都付不起税金。有时候一本书中就包含了如此多的投资。

我在写这本书的时候，仅仅是买书，加上旧书一起，就已经花了1000万日元以上了。

我做到一分钟读一本书以来，已经过了12年。平均1天读3本书，一年就是1000本。简单想想，12年就是12000本书，其中有反复看过的，所以总共买了近8000本书。

如果是算算金额的话，就是我大概一个月花5万

日元，一年花60万日元。因为在做到一分钟读一本书以前，我每个月花5万日元买书，所以现在光买书的钱大概已经超过1000万日元了。

也许有人会想：竟然要花这么多钱买书吗？！但是，我算过之后明白的是：买书原来仅仅只花了这么少的钱啊！我学到了如此多的东西，1000万日元作为一笔个人投资来说，实在是太便宜了！

02

没有比读书风险更小的投资

作为个人投资，我每个月在教材和培训学习上花费20万日元，一年12个月下来就是240万日元。书费的目标是：每个月5万日元×12个月＝60万日元。

这种一年300万的自我投资，从我失业开始一直坚持了12年，没有比这回报更高的投资了。

当然，我也会遇到跑偏了的教材，也无数次地报了失败的培训学习。其中，我觉得最失败的，是某个心理学培训班。

直言不讳地说，应该9点开始的讲座，讲师迟到了30分钟。然后他对我们说："那么接下来，大家分成小组，请相互治疗吧！我3点左右再回来。"然后，他就真的消失了。也没有教我们治疗的方法，就把我们扔在那里不管了。参加者包括我在内有3个人，但是我们谁也不知道该怎么办，只好闲聊了。3点的时候，那个讲师虽然回来了，但是他说："大家有什么问题吗？如果没有什么问题的话我就回去了。"然后，他说完就回去了。

就是这样一个培训班，一天学费要10万日元。像这样失败的"事迹"，以后能写成一本《武勇传》[注2]了。

如果一年进行300万日元自我投资的话，在最初的3年，肯定会有被骗的事情。这也是一种学习。

这其中，如果和书相关，就算被骗，也就是新书几十元钱，旧书几元钱而已。

风险如此之小的读书投资，必须要去做。

注2：日本漫画。

正因为成人了，所以才会花钱学习

"高考完就不用学习了。成人之前，都不想再学习了。"有人这么想。这个人只是把学习等同于应试备考了。

学习有2种类型：

1.学习

2.去学习

学习，是从小学到大学，被强制的学习，是为了提高考试分数而进行的。

去学习，是你自己主动自发地去做的，并不是为了让某个人评价自己的成果。而是自己决定、自己去做的学习。

去学习，学也好不学也好，短时间内你并不会发生改变。5年后，或者10年后，突然间你会发生改变，这就是主动学习。

"一直学习真是太烦了！"说这话的人，只不过是讨厌应试备考类的学习罢了。

"学习"的区别

学习

被强制学习

马上就会有结果

合格了

去学习

自发的

不是马上有结果

加油啊

加油啊

自发地学习，向着自己感兴趣的领域努力

去学习的话，只要向着自己感兴趣的领域努力就好了。阅读自己想要成功的领域的书籍200本，加上周边领域合计2000本，就可以了。

迈入社会之后，学习的人和不学习的人，他们之间的差别很大。20多岁的人，都在干劲十足地完成工作，并没有什么不同。一旦超过40岁，成功的人和不成功的人，他们之间的差距，就慢慢显示出来了。

福特汽车创始人亨利·福特曾经说过："请进行自我投资。我在40岁之前连1美元都没有存过。"

向自己的大脑投下饵料，将来肯定会变成与之相应的成功。

03

读书是为了"be"，
而非"do"

人们为了以下3种目的消费：

1.have

2.do

3.be

"have"，**就是有人为了拥有而花钱**。想有辆车，想有套房子，为了想拥有某个东西去花钱。有很多人有这种想法："想开着好车去炫耀炫耀""想住套好房子得意得意"。

为了"have"花钱，就是为了自己以外的某种东西花钱。这只是使钱减少而已，你的人生并不会有任何改变。

比这个好一些的消费，是为了"do"而花钱。**就是为了体验而花钱。**

去游乐场，去水族馆，去动物园，去看电影而花钱。你的人生，并不是拥有某种实质性的物品，而是因为各种不同的体验而丰富起来的。比起"have"，为"do"而花钱，是更好的消费方式。

然而，比这更好的消费方式，是为了"be"而花钱。"be"的意思是，存在、有。**是的。就是你为了成为自己想成为的样子而花钱。**为了书、教材花钱，就是为了成为自己想成为的人而花钱。

去培训班这种行为，因为既能够体验，又是为了成为理想的自己，所以它能够同时满足"dc"和"be"两种消费目的，是非常棒的消费方式。

为了"have"而花钱，太浪费了。

不如为了"do"而花钱。

比起"do"来，为了"be"而花钱的话，是更有价值的消费方式。

为了进入成功者的圈子，读书吧

　　很多商业人士，在时间选择上，比起"读成功者写的书"，更多地会选择"和上司一起"。就算和上司、同事去喝酒，也只能得到与自己同等水平的人的想法。上司、同事和普通公司职员中，既没有成功的人，也没有亿万富翁。

　　和普通公司职员一个圈子的话，你也只会成为普通的公司职员。

和成功者一个圈子的话，你也会成功。

和亿万富翁一个圈子的话，你也会成为亿万富翁。

你的波长能在哪里共鸣，就决定了你成功的样子。很多人一辈子只能做普通公司职员，是因为日本人口中比重最大的就是公司职员。

很多人因为是公司职员、公务员，所以他们家的电视里总是播放着和他们身份完全吻合的信息，电视节目中只会出现"要不要改建住宅呢？"，而不会出现"要不要买栋100亿日元的豪宅呢？"。因为大部分人都认为，这和自己没有关系。

读书，就是不断把自己的频道调到"成功者频道""亿万富翁频道"的行为。不管周围的人如何说"你是不可能成功的"，你都要相信，你只是还没有调好频道罢了。

只读成功人士写的书，把频道调到"成功是理所当然的事情"这个频道就好。

 # 不看失败的人，只看成功者

在银行负责融资的人，见过很多融资成功的公司，也就见过很多融资失败的公司。

如果我是银行融资的负责人，我就会从中选择员工10人以内，盈利几千万日元以上的公司，和公司董事长搞好关系，请他教授我经营办法，我就可以独立创业了。

没有比融资负责人这份工作，更能详细地向董事长请教商业模式的了。但是，大部分银行工作人员都没有想要独立成为董事长的，这是现状。

理由很简单。因为他们见了太多公司，而成功的只是位于顶端的1%~5%的董事长，除此之外，大部分人都是债务缠身。

我有幸得到过和融资负责人交流的机会。他说："因为不管见过多少成功的案例，我都见过比成功多出十倍的失败的案例，这太可怕了，我不能去独立创业。我想倒不如说，越不知道这份工作，就越不害怕，就越能独立去干事业。"不管怎么样，都是将自己的频道调向了大多数。

其中，能够将频道调到成功的少数派的，都是读书这种行为。

某种程度上来讲，不成功的人，是写不了书的。因为就算一个"负债累累、人生到处碰壁、已经寸步难行"的人写书的话，谁也不会去读，甚至根本就不会出版。

如果你的身边都是成功的人，那你也会成功。所以，平时就要只读成功者写的书，你就会加入成功者的队伍中去。

要想在商业上取得成功，就要将自己的频道调到商业成功者的频道上去。而且，成功之道，仅此而已。

One
Minute

第五章

选书的方式
将改变你的命运

买书速度可以控制在 "一分钟之内"

不过是买本书，也会有犹豫不决的人。与其浪费一分钟在犹豫上，不如直接付款买了。一犹豫，就白白浪费了一分钟的时间。

对于一个时薪1200日元的人来说，一分钟就值20日元。所以，每犹豫一分钟，书的价格就上涨了20日元。

这样的话，与其犹豫着"买不买呢？该怎么办呢？"，不如直接买下来就好了。

"但是，如果买了阅读后才发现这是一本很无聊的书，该怎么办呢？"我能理解他们这种心情。但是，如果买了这本书，也许就有可能拥有改变人生的美好体验。

如果有以下两种人生选择：**1.犹豫而最后不买，错过美好的相遇；2.也许会失误，但是不会因为犹豫而错过美好的相遇。当然要选择后者。**

哪怕买了100本、200本无聊的书，只要其中有1本能够让你的人生得以改变，那就能让你收回成本。因为好不容易才有可能在书店遇到那本能够改变你人生的书，哪怕这种可能性极其微小，也应该去把握住。

 ## 20本书中能碰到1本有用的，100本书中能碰到1本正中下怀的

不喜欢书的人，总想一本一本地收回成本。他们买了之后，会后悔："不买这本书就好了。浪费了啊。"

其实并非如此。20本书里，仅仅能遇到一本你正

好需要的书。19/20的失误率，就是书的世界。在明知失败率为95%的作战中，忽喜忽忧，是不明智的。

对于一小时读一本书的人来说，选错书的损失是巨大的，我能够理解他们愤怒的心情。但是如果能做到一分钟读一本书的话，怎么样呢？

选错书付出的代价，也只有1分钟而已。是的，能够让你以最快的速度找到你需要的那本书。做到一分钟读一本书后，你也会不断遇到非常棒的书。

买100本书，选错95本的话，还能遇到4本有用的，1本正中下怀的。这个命中率，是买书命中的目标。

选错书并不是什么奇怪的事情。正因为20本中1本的概率，遇到一本好书时的喜悦才会更加强烈。即使是买彩票，20张里中1张的话，奖品也不会是什么特别贵重的东西。

书，以20本中1本的概率，能够赢得改变人生这个奖品，可以说是非常合算的"彩票"了。

选书的时候可以
参考包装

有人仔细看过目录再买书。有人会粗略看一下前言、翻一翻内容再买书。

不管哪一种方法都不可取。

买书的时候，在看到封面的瞬间，有感觉的话就可以买下来。

买CD的时候，不听内容只看唱片的包装袋就买，叫作"包装袋购买"，就是通常所说的"包装购买"。买书的时候，也是如此，要看包装选书。

看到书的封面，有感觉的话就买下来。没有感觉就不买。这个瞬间，也就是1秒钟的事。

为什么应该依赖直觉呢？一言以蔽之，这本书里有没有你想要的东西，是能够直觉反应出来的。

当然，直觉也并不是一下子就可以命中的。要经过100本、200本的失误，大约超过1000本之后，你就会遇到好书了。2000本以后，你的准确度基本能达到1/3了。

也许有人会觉得："那也不是100%呀？还是有接近7成的概率会失误啊？"但是著名棒球选手一郎的击球率也没有超过4成。

锻炼直觉，能达到3成命中率的话，就已经和职业棒球选手同级别了。因为是一分钟读一本书，一天读3本书，一天就能命中一本书的话，真的是无与伦比的好事了。

首先，从买旧书开始训练吧，因为几元一本的书也可以依靠直觉，看封面买100本左右进行训练。做

到一分钟读一本书的话，如果不把选书的时间无限缩短，就会有一种格外浪费时间的感觉。

买书不失误的唯一秘诀：买自己心仪的作者的书

在20本书只能选对1本的书的世界里，也有办法可以100%命中。那就是，**买自己心仪的作者的书**。

如果是你喜欢的作家写的书，就一定是本好书。按照作者的名字，把那个作家写的书全部买下来就好了。这种行为被叫作"全灭癖"。

只要喜欢上一个作家，就把他的书全部买下来。如果把这作为习惯，买书就不会再失误了。

在新人作家写的书中，很少有有趣的书。即使是职业拳击运动员，在出场赛中就能一举夺魁的拳击手也很少。

在书的世界里，出版了第一本书还能出版第二本书的作者不足50%。如果是好的作者，出版社不会置之不理，应该出了10本以上了。

也有人认为："即使是很好的作者，也没有必要倒回去看他5年前、10年前写的书。信息不会太过时了吗？"其实并不会这样，因为一个好的作者写出的内容，即使5年后、10年后也不会褪色，所以买他们以前写的书，确实会遇到好书。而且，如果不是新书而是买旧书，很便宜就可以买到手。

不是热衷于书的人，是不会想读完一个作家写的所有的书的。而是考虑哪一本销量最多，再去追赶流行。

读自己喜欢的作者的书，哪怕是几年前的旧书也不放弃，就能达到100%的命中率了。

买新书买的是"能量"

有人觉得："新书几十元钱太浪费了，等它变成旧书再买吧！"只看价格的话，因为旧书有时候甚至会半价出售，大家很容易认为这样最划算。

买新书买的是，新书在发售时铺满书店的势头，是花几十元把那种能量吸收到自己体内。新书中蕴含着刚刚问世的能量。花钱买到的是新生婴儿体

内充沛的精力。

旧书，已经失去了新生的活力。但是，内容与刚出世时并没有什么变化。

可以这么想：新书买的是50%的内容＋50%的能量；旧书买的是50%的内容。只买旧书的人，买不到能量。

每个月平衡购买新书和旧书的人，是能够和书顺利交往的人。

只喜欢旧书的人，并不是真的喜欢书。只有新书旧书都喜欢，一分钟读一本书的时候，内容才能进入脑海，成为自己的东西。

已经做到一分钟读一本书的人，都养成了不去图书馆、新书旧书都买的习惯。所以，如果你也能养成同样的习惯，那么做到一分钟读一本书就是手到擒来的事情。

逛书店才会遇到"意外之书"

有这样的争论：是应该在网上买书呢？还是去书店买书呢？结论就是，因为每年要买1000本书，所以既应该网上购书，也应该去书店买书。

网上购书的好处是，可以买到自己喜欢的作家以前出版的书。找到了自己喜欢的作家，就可以一下子买10本、20本他写的书。因为网上会显示相关书

籍，所以能够遇到有趣的书。

逛书店的好处是，能够遇到"意外惊喜之书"。就好像"本来是想买这本书，结果却买了它旁边的那本书"这种情形。

网上购书的话，只会显示相关的书籍。**只有在现实中逛书店，你才会遇到原本和自己没有任何关系的好书。**

虽然我平时不去恋爱书籍区，但是偶然去了一次却遇到了一本绝好的书。还有一次，我偶然去了灵性书籍区，没想到发现一本对经商很有帮助的书。

能够让你卸下伪装的，就是你遇到原本毫无关系的书籍之时。

当我一直困惑于作为主持人该如何发展时，遇到了一样和此前的人生毫无瓜葛的东西——占卜。多亏了占卜的启示，我才发明了一分钟读书法。也许，就算我读100本速读的书，也培养不出一分钟读一本书的技能。但是，我从占卜的手法中，获得了一分钟读一本书的方法。

人生的转折点，就是从你没有兴趣、完全没有关系的地方带来的。

因此，在现实的书店里会遇到和你毫无关系的书，所以每天都要去逛书店。

 ## 有时间多去书店

有人曾问过我："一周要逛几次书店呢？"一周逛几次这种问法，本身就是错误的。

有时间可以多去书店。我有时候1天只去1次，也有时候1天会去10次。去哪儿的路上如果有书店或者旧书店，我都会习惯性地进去逛逛。有时会去3个不同的书店，也有时同一个书店会1天去3次。

虽然有人问我："你每次都买书吗？"并不是每次都买书的，3次里面有1次会买书吧。

去商业书籍区、无关书籍区时，遇到有感觉的包装的书，或者自己向我召唤的书时，零秒就会买下来。有时候去商业书籍区，早上去的时候对这本书还没有感觉，晚上去的时候就有感觉了。

养成1天逛3次书店的习惯后，书自己就会向你召唤："快来买我吧！"遇到这样的书，是一件非常快乐的事。

　　首先，不要细读目录，也不要翻看书的内容。去各种各样的书籍区，去买那些在召唤你的书。

　　话虽这么说，很少会有召唤你的书。多去几次书店，遇到好书很平常。多的时候有9本，少的时候，一本书也没有。

　　要想做到一分钟读一本书的话，去书店的次数只会比这更多。当你在现实生活中遇到书店的话，不管怎么样先进去逛逛吧。如果能遇到向自己召唤的书，那真是选书的极大乐趣了。

04

不能要求别人推荐书目

有人会问："您推荐什么书呢？请告诉我吧！"只要是这样问的人，他读过的书肯定不超过2000本。

如果养成了一天读三本书的习惯，有让别人推荐书的时间，自己早就已经买书开始读了。

那些人之所以会问别人推荐什么书，是因为他们一小时读一本书，不想浪费时间。

有问别人推荐书的时间，已经一分钟读完了一本书，开始读下本书了。相反，如果担心"如果把世上所有的书都读完了，该怎么办"的话，说明状态刚刚好。

最近，我在研究风水学。我把书店里、图书馆里有关风水的书全部读过了，已经没有可读的书了。我并没有问别人有什么推荐的书，而是把所有的书都读了。与其问别人有什么推荐的唯灵论书籍，不如用一分钟一本的方式去读1000本书。

有空去问别人有什么推荐的商业书，不如把现有的商业书籍全部读完。

一般读200～500本书的话，就无书可读了。然后，就会特别期待读那些书店、旧书店以及图书馆都没有的书。

是的，这就到达了"必须去国会图书馆读那些绝版的书"这个阶段。

为了做到一分钟读一本书，是不提倡去图书馆的。先买现有的2000～5000本书去读，无书可读之后，才可以去图书馆。请把"图书馆也没有可读的

书，只能去国会图书馆"当成目标吧！

提前感受做到一天读3本、一年读1000本时的境界

一分钟读一本书的人，买书的方法有3个阶段：

1.每天读3本、每年读1000本（新书、旧书加起来）。

2.超过2000本（买书超过1000万日元）之后，去图书馆也可以。

3.超过5000本，只能去国会图书馆。

但是，95%的人连第一阶段的"一天读3本，一年读1000本"也无法跨过。所以，我才会说最好不要去图书馆。

在第一阶段，如果不能养成自掏腰包买书的习惯的话，是无法做到一分钟读一本书的。只有书不是免费的，自己花钱，才能创造出内容自动进入脑海的状态。如果不是从心里相信"书很便宜"，就会开始抵触自己掏腰包买书这件事。如果没有经常逛书店的习

惯，就不会养成买书这个习惯。最理想的状态不是
"哎呀！咬牙买了吧"，而是回过神来，发现自己已
经在书店，已经买书了。

在做到一分钟读一本书之前，提前知道一分钟
读一本书的境界，才能安心做到一分钟读一本书。

One
Minute

—— 第六章 ——

做到一分钟读书法，
遇到改变你命运的作家

一分钟读一本书，将遇到改变你命运的作家

做到一分钟读一本书的话，就会遇到很多作家。其中，一定会有将改变你人生命运的作家。

一分钟读一本书，是与你的"命运作家"相遇的技能。如果一小时读一本的话，这种慢吞吞的速度，将会使你错过命运中的相遇。

也许，有人会在读第一本书时，就遇到了自己的"命运作家"。也有人在看第1000本书时，才遇到了自己的"命运作家"。一旦遇到，你的人生就会一瞬间发生改变。

把属于你的命运作家的书全部读完吧！不管是100本、200本，还是500本，都读完吧！然后，就去见见你的命运作家吧！在他举办培训班的时候，或者做访谈节目的时候，去见见吧！

但是，在现实生活中去见他，并不是让你成为他的粉丝，**而是请他成为你的人生导师**。当然，因为是自己特别喜欢的作家，所以想成为他的粉丝，这种心情我完全理解。

你要诚恳地低下头，请求做他的弟子。遇到"命运作家"，并成为他的弟子，这将使你的人生发生更加戏剧性的变化。

阅读"导师的导师"写的书

将"命运作家"奉为导师，那么就把导师的导师写的书，也全部读完吧！需要注意的是，虽然有时候导师会列举一些参考文献，但是请不要把这些参考文献的作者误认为是导师的导师。

我曾听说过因为参考文献被骗的事。我自己也会列举参考文献，这样一来，就有人说"这是石井先生尊敬的人啊"，然后有人去了那里的培训班，被会场的居心不良的人骗取了钱财。就算说话的这个人是好人，他身边的那些却未必是好人。

无论如何，请一定要明白参考文献只是参考文献而已，绝对不是让你去参加参考文献上所登载的培训班。

我从中学时代开始就特别喜欢《圣斗士星矢》（车田正美）。我读了他所有的漫画，然后我知道了他的人生导师是本宫宏志，他的梦想是成为本宫宏志那样的漫画家。之后，我读完了本宫宏志的所有漫画，通过比较《男儿当大将》（本宫宏志）与《圣斗士星矢》中的角色，我体会到了更多的乐趣。

读完导师的导师写的作品，就能够明白导师文章的根源，明白他为什么能写出这样的文章。

虽然只读了100本导师写的书，但是这个人并不仅仅只是导师而已。知道了谁是自己的命运作家的导

师，通过阅读他所有的书，你就成了他的弟子。

读导师的处女作

对于自己导师的处女作，一定要买到手！因为这部作品中，饱含着作者最深的渴望与情感。

我曾辗转多家出版社，一直到第13家出版社才决定了处女作的出版。而我一直想要出书的渴望和情感，在处女作中最能体现。

我的首部作品是《打破规则的求职行动》（实业之日本社），后来更名为《求职内定学习法》，于2010年再次出版。这本书在"想出版，但是出不成"的挣扎中，反反复复修改了很多次。现在回过头来看，文章写得非常生硬，很不流畅。如果是现在写的话，我觉得肯定会写得更轻松易懂。如果现在再让我带着这么多怨念去写书，我肯定写不出来。

作为作家，无论是谁，肯定有第一本的处女作。一旦决定了谁是你的人生导师，一定要拿到他的处女作，这是不可更改的规则。不是要你去学习人生导师的现在，而是去学习他写处女作时期的不成熟的样子。学习成功之前的导师，你也会走向成功。

很多人，只看导师成功之后的样子。但是你要看到导师成功之前的样子，并且去学习他，和他一致。

找到你的导师，按照处女作、第二部、第三部的出版顺序去看他的书，你就能体验到和导师相同的心路历程。

将钟爱的作者的
艺术风格融入体内

将你钟爱的作者的艺术风格融入体内。自己讨厌的作家的文风，光看看就会觉得厌烦。

通过阅读10本、20本自己喜欢的作家的书，你的身体就会习惯他的艺术风格。这样一来，就会在你的身体里形成一个"轴"，一个用来分辨"喜欢这样的文章，不是这样的文章不喜欢"这样的轴。一旦形成了这个轴，一分钟读一本书的时候，慢慢地内容就会进入脑海里了。

就像做棉花糖时用的筷子，就是轴。正因为有了筷子，才能又快又好地在筷子周围做出棉花糖来。同样的道理，读书的时候如果有一根中心轴的话，书的内容就会很容易被引导。

一分钟读书法，虽然可以做到一分钟读一本书，但是并没有提高阅读理解能力。甚至可以说，这个人这个时间点、这个阶段的理解能力并没有改变，仅仅是速度上做到一分钟读一本书。

语文成绩70分的人，和30分的人相比，很明显是前者更容易记住书的内容。

有人误认为做到一分钟读一本书后，理解能力会急剧提高，但是实际上仅仅是速度提高了而已。

阅读理解的基础能力，必须由你自己来想办法提高。做到这一点最好的办法，就是找到自己喜欢的作家，把他的书全部读一遍。通过阅读，使你熟悉自己喜欢的作家的文风，使之成为你提高阅读理解能力的基础。

One
Minute

第七章

与书的正确
相处方法

与书交往和与女人交往的道理相同

我经常说："要把书当女人看待。"

书，不仅仅是一件物品。把书拟人化看待，当成女性，你就会变成被书爱上的人。

能做到一分钟读一本书后，你就不会认为需要自己主动去理解书的内容了。不是自己主动去理解，而是

书的内容会自作主张地跳入你的脑海中。

对于自己讨厌的人，你应该不会想要主动去拜访，更不会和他搭话。对于自己喜欢的人，你不仅会主动去见他，还会积极地找他聊天。

如果你能够被书所爱，那么书自己就会自作主张，把内容印入你的脑海中。即使能够以一分钟一本书的速度翻书，如果不被书所爱的话，书的内容也完全不会进入你的大脑。

就好像和女性交往的时候，如果不懂和女性交往的方法，最后肯定会失败。同样，如果不懂和女性交往的方法去看书的话，也不会很顺利。如同渴望让女性爱上自己的想法一样，如果想让图书爱上你，就要先从和书相处的方法开始学习。

哪怕只有一句话、一个单词是好的，就要把这本书归为好书

"这本书完全不沾边！太过分了！"有人会很生气。但是，原本20本书里只能遇到一本自己想要的，对于这种情况，不能生气。

不要和书为敌，要让书爱上自己。

你不妨这么想：20个女性中，只有一个有可能和你交往。这时，如果你对另外19个没有可能和你交往的女性生气怒吼："不符合我的兴趣！真是过分的女人！"那么，你就会成为女性的敌人。

如果你的话被周围的女性揭穿了的话，那么那个唯一有可能和你交往的女性，也会开始讨厌你。

你一旦说了女性的坏话，就一定会传到周围女性的耳中。即使是对自己讨厌的女性，一旦你说了她的坏话，就相当于与周围所有的女性为敌了。

不受欢迎的男性，总是会马上抱怨。受欢迎的男性，即使有讨厌的事情，也不会说出口，而是看看其中有什么可以学习的地方。

看书的时候，**哪怕书中只有一句对自己有用的话，我们都要认为这本书具有几十元的价值。**

如果在一本书中你感觉不到丝毫的好处，那么是你的感受出了问题，而不是这本书的问题。

即使令你大失所望的书，也不要将其归为"坏人"

　　遇到令自己讨厌的人时，应该怎么想好呢？对于自己讨厌的人，不妨这么想："也会有喜欢这个人而和他结婚的人啊！我对他之所以喜欢不起来，还是我自己的心胸太狭隘了。"

　　我担任主持人期间，有一个很讨厌的上司。我每天都想："不想和他说话，不想见到他那张脸。"但是，却有人喜欢我的上司并和他结婚了。这样想来，我终于意识到原来小气的人，是自己。

没有过分的书。不能明白这本书的好处，是你的气量太小。

在美食角，如果吃到了不好吃的东西，应该怎么说呢？可以说："喜欢的人一定觉得好吃得不得了。"不管多难吃的菜，都是被某个人做出来的。

在美食角，绝对不能说那家店的坏话。千万不要通过电视转播向观众说坏话。即使做出了难吃的荤菜，也一定有作为食材牺牲的动物。绝对不说料理的坏话、厨师的坏话、美食店的坏话，这就是美食角。

既然世界上存在这样的料理，那么这个世界上也一定存在觉得这道菜好吃的人。对于猴脑酱汤、毛虫料理这样的菜，虽然日本人无法接受，但是正因为有某个或某些人喜欢，这些菜才会存在的。

在这个世界上，不存在不好的书。

你觉得不喜欢的书，对于喜欢的人来说，也许绝妙无比。

你觉得废话连篇的书，至少对于作者和他的家人、出版社、编辑而言，是一本美妙的书。

与书同行的人，热爱一切

即使只出版一本书，也要花费很多钱。即使你自己觉得不好的书，也要这么想："有家出版社为了出版这本书花费了那么多钱。虽然我没有从这本书中受益，但是也许会有别的读者受益吧！"

即使你质疑："这种书，会有人买吗？"一本初版的书也会印刷5000本左右。也许在全国的某个地方，有人因为遇到了这本书，而放弃了自杀的念头。也许会有人读了这本书后，决心成为总理大臣，并且最后真的登上总理大臣之位。

在某个地方肯定存在着，被书中无意的一句话所拯救的人。

我也是一名作者，为了向"命运读者"传递哪怕这样的一句话，而在写书。

如果，有一本所有人都觉得好的书，那肯定是一本没有个性、不得罪人的无聊的书。

有这样一类读者，他们讨厌所有人都在读的热销书，绝对不买畅销书。

即使有内容恶劣的书，对于这本书的狂热者而言，它却是美妙无比的。

爱书，就是与书同行，去爱所有的人。

作者为了写这本书，付出了很多的时间。编辑一边在作者、发行部、主编之间左右为难，一边还要完成艺术作品。出版社的发行人员日夜围着书店忙碌，希望能让书上架。书的部分销售额，是书店的收入。几十元钱的书，利润也不多。从这些利润里面，要负担店员的工资、水电费、租金等。代理商为了让出版社出版的图书在全国各个书店流通，每天都在努力工作。

在整个流程中，你作为读者也参与其中。

爱与书相关的一切，书也会爱上你。

有写书评的时间，不如读下一本书

　　有人会给网上书店打一颗星，然后发牢骚抱怨。这也是一种令人讨厌的行为，请不要这么做！

　　即使是匿名，即使对作者有意见，对出版社有不满，也不能用文字表达出来。

　　比如，你想通过阅读大量的书籍，将来做一名作

家。那么，如果你对书的满腹牢骚被出版社或者作者知道了，那很容易引起别人的反感。

如果能做到一分钟读一本书，一年读很多书是很自然的事情。像这样增加信息输入量的话，将来，你能够写书的可能性也会大大提高。所以，如果到那时你被很多出版社所厌恶的话，损失很大。

写一本书的评论，至少也要花一分钟。还不如用这一分钟再读一本书，这样对你会更好。

不管是写1星的书评，还是写5星的书评，在你写书评的瞬间，你就已经成了"评论家"。有人去评论"这个人是美女，那个人不是美女。"之类的话，他就会被女性所厌恶。同样的道理，评论这种行为，也会遭到他人对你的厌恶。

有人说："我是因为喜欢书，所以才去写评论的。"其实，他并不是真的喜欢书。利用写书评的时间去读下一本书的人，才会被书所喜欢。

读书，不是为了去评论，而是为了行动起来。**为了获得来自书的喜爱，去成为读书并且行动起来的人吧**！

觉得读书是浪费时间，是因为看书太慢了

有人说："我花了一小时看这本书，最后却一无所获，真是浪费时间。"对着书说它的坏话，是不对的。因为看一本书用了一小时，所以才会觉得是浪费时间。如果做到一分钟读一本书的话，就会觉得："读这本书仅仅用了一分钟就读完了，真幸运！"

不存在让人浪费时间的书，这只是无法做到一分钟读一本书的你的错。

如果能够做到一分钟读一本书，即使是无聊的书，你也不会生气。对于自己买的一本几十元的书，只要其中有一句话写得非常好，就物有所值，如果觉得这本书一点好处都没有，那你应该为自己的小气量而生气。

有人觉得："20本书中只有一本书是自己想要的这件事，就是在说其他19本书的坏话。"并非如此。对其他19本书来说，你自掏腰包买书是对它们的敬意，并且认真读到最后也表达了对它们的敬意。

爱书但是选错了书，与原本不爱书并且没遇到自己想要的书，两者之间的含义完全不同。

对书失望不是书的错，而是无法做到一分钟读一本书的你的错

 花一小时读书

浪费时间啊

 花一分钟读书

继续读下一本

一分钟读完的话，就不会感到愤怒

　　"虽然那本书我只是站着翻阅了一下，但是真差劲啊！"这种说法，完全没有对书的敬意。但是，自己花钱买了这本书，最后却发现很失望，因为这种失望是建立在尊重书的基础上的，所以没关系。

　　如果觉得失望，是感受性低的自己不好，而不是书不好。就好像是，如果自己不讨女性喜欢，那么是不讨喜的自己不好，而不是女性不好。

　　经常把书当作自己的伙伴，就是一分钟读一本书的境界。

与其他的书内容雷同，也不要抱怨这本书

有人抱怨说："写的都是些以前就有的事！真差劲！"为什么会有很多书写的是以前就有的事呢？是因为有些读者连这些以前就有的事情都没有听过。

如果不会小学算术的话，中学的数学题就解答不了。因为基础的东西很重要，所以会反反复复描述多次。对你而言是再自然不过的事情，对其他人而言并

非如此，所以书里还会写到。

对于擅长学习的人来说，是理所当然的事，但是对于不擅长学习的人来说，却并非这么简单。就像书里写道："学习中复习非常重要。"擅长学习的人会觉得："写的都是些本就该这么做的事情。这本书真差劲啊！"对于不擅长学习的人来说，他们会忽然明白："原来如此，复习很重要啊！"

重要的事情并没有发生改变。只是，那些是理所当然的事会随着人所处的阶段而改变，所以**不要抱怨"写的尽是些理所当然的废话"这种事**。

即使是同一个作者，有时候也会写一些和以前的书一样的内容，这种情况也请不要抱怨。这是因为，这些内容非常重要，所以要反复强调。不能藏着掖着，而是要反复清楚地传达给大家。

"这本书，和其他的书写的内容一样！"有人会因为这个生气。这个人，是花费一小时读一本书的人。因为看书的速度慢，看的书也少，所以对什么都会很生气。

如果能做到一分钟读一本书、一年读1000本的话，你会发现读过的书很多都是雷同的。但是因为是司空见惯的事情，就不会生气了。

一分钟读一本书的世界，是不会因为书的内容而忽喜忽忧的。

书的内容不存在深浅之分

有人抱怨说："这本书内容真肤浅。"**不存在内容浅薄的书，也不存在内容深厚的书**。书之间只存在200页、300页这种页数的差别。

做到一分钟读一本书的话，一本200页的书只需要1分钟，一本300页的书则需要再长一些时间。书的内容全部都会进入大脑，所以写不写重要的东西，写不写有用的内容，都没有关系。因为不管是重要的事情，还是无关紧要的事情，都会同时在0.5秒的时间内进入大脑。

把书的内容划分深浅，只读相关的部分，这种行为本身就是浪费时间。虽然有正好需要的书，也有令人失望的书，但是将内容分为肤浅、深厚，是在读书上浪费很多时间的人才会有的想法。

做到一分钟读一本书的话，不管什么内容，都能在

0.5秒之内进入大脑。这是与因为"内容是不是太肤浅了"而愤怒这种行为，完全没有关系的世界。

 ## "和你无关"的，其实和你最相关

有人觉得"这本书和我没关系"，就不去读。**一分钟读一本书的话，因为仅仅花一分钟，所以就算没关系的书也会去读。**

很多人无法改变人生的理由是，紧紧抱住已有的常识不放。

阅读完全无关的领域的书，也能够运用到你的生意当中。没有孩子的人，大概不会去读育儿教育的书。但是育儿教育的书，能够帮助如何管理企业员工，不听话的员工和不听话的孩子，其实管理理论是一样的。

妻子没有怀孕的人，应该不会去读胎教的书。胎教的书中，很多在讲："怎样说话，才能让肚子里的小宝宝成为天才？"有人觉得："在妈妈肚子里的胎儿，难道不是什么也看不见，什么也听不见吗？"其实，腹中的婴儿在4个月以后，已经相当有知觉了。如果你问肚子里的宝宝："1+1=？"有的小宝宝会踢两下肚子作为回答。让胎儿成为天才的方法，其实对于让现在的你成为天才也有帮助。

据说，牛顿是看到苹果从树下落下来，从而发现了万有引力法则。苹果和引力，一眼看上去似乎并没有关系。

把毫不相关的东西结合在一起的瞬间，就有了大发现。一分钟读一本书，就是慢慢去读那些原本和自己并没有关系的书。

One
Minute

—— 第八章 ——

为了做到
"一分钟读一本书"

给读书方法寻个"导师"

有人想要依靠自己的努力，不寻求别人的帮助做到快速读书。依靠自学，一生都无法做到快速读书。要找到一位老师，进入这个世界，学习他的读书方法。

参加一分钟读书法培训班的学员，全部都说："依靠自己，是很难到达一分钟读一本的境界的。"

读书这种行为，和武士道是一样的。流派不同，方法也会完全不一样。

觉得泰拳是最厉害的人，会去学习泰拳。认为只有柔道才是最强大的人，会去学习柔道。

有很多轻视读书这种行为的人会觉得："顶多就是看本书嘛！"

如果不认认真真寻找一位导师进行学习的话，是不可能做到快速阅读的。

"不靠别人教，我靠自己成为拳击运动员吧！我这么厉害肯定没问题。"抱有这种想法的人，一个也没有。

 读书，其实是一种"读书道"

仅仅阅读拳击教科书，是不会成为冠军的。找一位教练，并且按照教练的话去练习，才是提高水平不可或缺的条件。据说，就连泰格·伍兹也说过需要技术教练的指导。

那么，对你而言，要修行"读书道"也是如此，必须找到一位教导你的老师。

依照本书的方法，你就等于有了一个导师。你可以勤加练习，快速提高。你只有找到了适合自己的感觉，才能够提高看书的速度。

不是因为兴趣读书，而是形成读书的习惯

有人说："我的兴趣是读书。"就是这种人，读书速度很慢。需要花费1小时、2小时来读一本书。

做到一分钟读一本书的话，就不是因为兴趣而读书了。这是因为读书已经成了我们生活中的一种习惯，就好像我们很少听到有人说把刷牙当成兴趣一样。就像不会有人说："打高尔夫球是我的兴趣。我每天都只打一分钟。"也不会有人说："我的兴趣是读书。我每天读一分钟。"

做到一分钟读一本书后，你就不会再有"哎哟，要不读本书吧！"这种感觉了，而是每天回过神来才发现，自己又在读书了。因为能够做到一分钟读一本书，很多事情会变得如此自然，你甚至都意识不到自己的读书速度比别人快。

以前，有人第一次见到我能够一分钟读一本书

时，很吃惊地表示："啊？你是怎么做到呢？这样看书你能够理解书里的内容吗？"因为对我而言这太过平常，所以我从来没有考虑过是否理解书的内容这个问题。

不会有人去问用一小时读一本书的人："这样看书你能理解书的内容吗？"尽管如此，却会有人问一分钟读一本书的人这个问题。我完全不明白为什么。

一分钟读一本书是如此理所当然的事情，这仅仅是生活中的一部分而已，没有什么值得疑惑的。

正确看待小说、采访报道类书籍

有人问我："可以一分钟读一本小说吗？"

就我个人而言的话，从最开始，就决定了此生不读小说。可能还是小学生的时候读过，但是长大以后就不再读了。

One Minute Leading，仅仅是用0.5秒的时间看两

页书的方法体系。也许你觉得乏味无趣，但是它仅仅是这样而已。

也有人问我："一分钟一本书的话，能够一边品味一边阅读吗？"不管内容如何，用0.5秒的时间翻看两页书，这就是One Minute Leading。

就算有人问我："你会品味刷牙吗？"我应该也无法顺利回答。虽然我觉得刷牙的时候会有味道，但是我也不会一一记住。一分钟读一本书，是一种习惯。

小说，是为了理解其内容而去读的。所以，作为One Minute Leading的对象来说，它并不适用。做到一分钟读一本书后，这种特意去读小说的动机就不复存在了。

我觉得，有这个时间的话，不如另选一本书用一分钟读书法来读得好。

小说不适用于One Minute Leading的理由，还有一个。那就是，由于出场的人物太多，所以不适用于One Minute Leading。出场人物超过2个的话，即使能够一分钟读完一本书，内容也无法进入大脑。

在访谈类刊物中，一旦出现采访者与被采访者2个人，内容就会变得难以理解。

即使是竖版印刷的图书，在发言者人数出现复数的瞬间，内容就变得完全难以理解了，这就是One Minute Leading的世界。

如果问我这是为什么，我会告诉你："因为意识体变成了复数。"即使在水晶leading中，也元法同时引导多个人。即使在记忆leading中，也只能引导一个委托人。

这种leading的引导力量，只能在针对一个人、一件事的时候才能够发挥作用。

这就是和所谓的速读完全不一样的地方。所以，一分钟读书法并不在于追求一字一句的速读法的延长线上。或者可以说，一分钟读书法是处在记忆leading、水晶leading、塔罗牌leading这种引导式手法的延长线上。

 读同一位作者的书，将会提高你的 leading精准度

对于自己喜欢的作者，阅读10本、20本他的书之后，你就能读出他想要表达的内容。通过了解那位作者的背景、多读他的书，你就能提高leading的精准度。

就拿占卜来说，如果同一个人每个月都来，那么因为了解这个人的行动倾向以及他所处的环境，对他占卜的精准度就会大大提高。

如果有机会见到作者的话，精准度会更高。没有见过我的人，与见过我几次的人相比，即使是读同一本书，他们读取的"深度"也是不同的。

上本书中说"右"，现在这本书中说"左"。这样想来，也许下本书就该说"上"了。和作者一起成长，作为读者就能和作者处于相同的时间轴，这样意识也能够同步了。

也许，你还是想在哪儿把一分钟读书法归类于"速读"这个概念中，也许还有人想要相信这是速读的一种吧！

但是，**如果你有丝毫的"一分钟读书法是速读的**

一种概念"这种想法的话，你是无法进入一分钟一本书的世界的。无论如何，你都只能将它作为leading技巧的一种来理解领会。

使用"一分钟读书法"，你就能取得绝对性的成功！

 专栏：石井贵士藏书 200 本以上的作家

01 中谷彰宏先生

 了解中谷彰宏先生文风的厉害之处

我所敬仰的人生导师，是中谷彰宏先生。

遇到中谷先生的书，是在我进入电视台工作第2年的夏天。当时，我被原本打算结婚的女朋友甩了，情绪一下子跌入谷底。我想着："已经没有活下去的意义了，去死吧。但是死之前，去找一本能够抚慰自己的书吧！"就去了位于长野市商场的一家书店。

　　那时，看到了《越不聪明的人越会成功》这本书。我想："不聪明的话，是不会取得成功的吧！但是，如果像我这样的人也有成功的可能的话，读来试试吧！"于是，就随手拿起了这本书。

　　在前文中我曾经说过，以一分钟一本书的速度看书，慢慢就会遇到能够改变自己命运的作家。其中，就我个人而言，在迈入社会后伸手拿到的第一本书，就找到了改变我命运的作家。

　　作为主持人，我非常在意一言一语的使用方法，与身为广告文案撰写人、绝不说一句废话的中谷先生相比，我感觉到了和他之间巨大的差距。

　　我想总有一天，我自己也要像中谷先生那样写文章。中谷先生的文章中，一句话写一两行就结束，尽可能少地使用修饰词，内容精炼锐利，标题简练，句号位置精准。无论是哪一点，都水平极高，我觉得这是我一生都无法到达的境地。

原本我是带着"被甩了，不想活了"这种想法去书店，但是最后我想："我还是太幼稚了，在达到中谷先生那种境地之前，不能死。"

竭力寻找自己与导师作家的共同点，将成为你成功的理由

中谷先生最初是广告代理公司博报堂的广告文案撰稿人，我当时是电视台的主持人。

当时有这样一种定论：媒体出身的人，如果独立去开公司是不会成功的。至于理由是不是因为自尊心太强，现在也没有定论。

虽然招聘公司出身的董事长有很多，但是作为电通广告公司、日本电视台出身的董事长，至今也没有听说过。"自己单干成功什么的，绝不可能。因为至今也没有听说过哪个电视台节目主持人能当上董事长的啊！"他们就这么轻易地把自己封闭在了自己的固有思维中。

但是，我在其中找到了自己的影子，既然身为广告文案撰写人出身的人能够独立取得成功，那么作为

电视台节目主持人的我如果当社长的话，会不会也能成功呢?

中谷先生毕业于早稻田大学的戏剧专业。我在庆应大学读书时参加了戏剧小组。

中谷先生在骏台补习学校复读过2年。我在代代木培训班复读过1年。

就这样，我竭力找到了我和中谷先生之间的共同点，也找到了自己将来能够成功的理由。

最后，仅仅在担任主持人期间我就读了将近500本中谷先生的书，现在家里有900本。中谷先生的所有著作，大概有1000本。

我写的这本书，已经是第50本了。虽然作为作家我望尘莫及，但是多亏有了一位"一生都无法超越的导师"，让我得以永远保持谦虚的姿态。

中谷先生的处女作是《农耕派职场人VS狩猎派职场人》（德间书店）。当主持人的时候，我一边模仿这本书的粗犷，一边进行文章的写作练习。有人说："石井，你的文章就是中谷先生+粗犷啊！"我想，也许这就是那个时期我训练的成果吧！

02 竹村健一先生

 竹村健一先生的书，现在读来依然新颖

中谷彰宏先生所向往的文风、所尊敬的导师，是竹村健一先生。他出版的书已经超过了500本。他写的《绝妙人生》，我已经反复看过多遍，因为人生有着无限的可能性，所以我牢固地树立了度过绝妙人生的决心。

竹村先生从京都大学毕业后，进入每日新闻报社工作。32岁的时候，他出版了《成人的英语》（光文社），成为畅销书。他的《5个激烈的美国人》（讲谈社）也大受欢迎。而且，他的《麦克卢汉的世界》（讲谈社）这本书掀起了麦克卢汉热潮。麦克卢汉是媒体方面的专家，竹村先生的这本书现在读来也非常新颖。

此外，《现代社会发展趋势》（三笠书房）这本书，原作者是美国未来学家约翰·奈斯比特，竹村先生将此书翻译为日文，引起了关于现代社会发展趋势讨论的热潮。商业活动是否建立在了解大趋势的基础之上，决定了其后续发展程度。现代社会发展趋势，意如其名，就是在大趋势中把握商业机遇就能取得成功。

创业之前我读了200多本竹村先生写的书，拜其所赐，我用最少的人数发挥出了最大的经营效果。竹村先生的书，即使在当今时代反复读来，也非常新颖。因为是领先时代20年写的书，现在读竹村先生的书，获得的也都是新鲜的思想。比起阅读最新的商业书籍，看竹村先生20年前写的书，反倒更新颖、更能把握时代的先机。

因此，我向你强烈推荐这本介绍在重视个人时代里如何取得成功的书。

成为符号分析家，你就能成功

《SA符号分析家的时代》（祥传社），是一个人

创业成功的经典著作。那么，什么是符号分析家呢？就是指由自己创立且命名一个类别领域，并立于该领域尖端的人。

2003年，我注册了"puchiritayiya"这个商标，并且成为这一领域的第一。因为是自己创立的领域，所以成为第一也是理所当然的。

2008年，我创造了"一分钟学习法"。当然，因为这是我自己命名的，所以石井贵士就是世界第一。

我把一分钟读一本书这种技能命名为"One Minute Leading"，并进行了商标注册，所以要想学习One Minute Leading，除了到石井贵士处学习，没有其他方法。

独占市场，自己就是第一。

现在，我所经营的公司，在某些方面还创造出了世界第一的称号。

如果成为符号分析家，我自己就能立于顶端，与大企业交锋。

在20年前就提倡该理念的竹村健一先生，真是一个天才，不愧是导师的导师。

03 伊吹卓先生

 伊吹卓先生的书，可以让你赚更多的钱

担任市场顾问的伊吹先生，已经出版了200多本书。伊吹先生是广告代理商电通出身。因为我是媒体出身，所以我有特别想要亲近那些从媒体独立出来并取得成功的人。

我这样说，可能有人会觉得我很偏颇。有人会认为不能偏颇，但是有偏颇是好事。正因为有偏颇，人才养成了个性。

你也是，在读1000本、2000本书的过程中，请慢慢有所侧重吧！倾向什么样的作家，就表现出了你的个性。

以前，我曾经遇到一个人，他说："石井先生的书，和赛巴巴的书，我全部都有！"对于他来说，石井贵士和赛巴巴是站在同一条线上的人，但是这正是他的个性。

伊吹先生在电通公司制作广告时，经常被一些广告主问道："这个商品能大卖吗？"伊吹先生在回答："这么做肯定能成为人气商品"的过程中，研究出了"制造热销商品的必胜法"。

因为伊吹先生是1932年出生的人，所以年轻一代对他也许不太熟悉。找不到商业创意的人，如果读了伊吹先生的书，就会明白什么样的商品能够畅销。

伊吹先生的书，现在读来，也都是新颖的东西。对于天才而言，无论是20年前，还是30年前写的书，都是一些新鲜的事情。

 ## 让商品100％大受欢迎的方法：试销

在伊吹先生的理论中，有让商品100％成为畅销品的方法，那就是试销。

商品内容不变，只是把商品的包装换成Ａ、Ｂ、

C三种，然后放置在商品架上。比如说，书的内容一样，只不过把书名改为《人生成功的方法》《人生成功的7种方法》《这样做，人生就会成功》，然后陈列在书架上。

这样一来，其中一定有一本书最畅销。

之后，留下销量第一的书名，再将其他两本书名进行替换。假如《人生成功的7种方法》销量最高，就在它旁边摆上《人生成功的方法，只有7种》《知道7种方法，你的人生就会成功》。

这样一来，又会出现一本销量很高的书。

像这样，把一个个小测试叠加在一起，最后就只剩下100%最畅销的商品了。然后，对最后留下来的商品，投入大量的广告宣传费用，最畅销产品就诞生了。

"之所以存在卖不出去的商品，是因为没有进行试销。"一旦明白这一点，无论是谁，都能够制作出畅销的商品了。

对制造畅销商品进行特定研究，出版书籍200本以上的，就是伊吹先生。

书店里到处都是"这样就能存下钱了"这样的书，

但是读伊吹先生的书，你能做到更快。因为他能够不被时代左右，总是能推出最畅销的商品。

没有读过伊吹先生的书的各位，我建议大家一定要去集齐他的书。

 **后记**

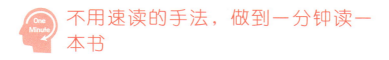 不用速读的手法，做到一分钟读一本书

　　关于快速读书的方法，最广为人知的就是速读。但是，我并没有遇到过"去了速读教室，就能做到速读"的人。据说，速读的失败率是90%以上。这也很有可能。现状是，在传授速读方法的老师当中，就有做不到速读的人。实际上，我也没有遇见过能做到速读

的速读老师。

也有人说，这个行业有很多浑水摸鱼的人。

我在上高中的时候，就曾经被缺德的速读教室欺骗过。在代代木培训机构的一所公寓，有人开了一家速读教室。教室里并列摆放着大概10台电脑，电脑屏幕上文字自上而下地闪烁跳动，学生们看着文字做着眼球移动的训练。

速读老师是兼职打工的大学生。我问他："我觉得这么做绝对不可能学会速读啊！你会速读吗？"他回答说："我怎么可能会呢？我只是负责按电脑回车键的打工人啊！"

听他这么一说，我一脸愕然。我觉得连老师都不会，却来教学生实在是太过分了。我又问："那么，怎么才能学会呢？"他说："据说买这套CD，每天在家练习的话就能学会了。"我说："多少钱呢？"然后，他回答说："3万日元。"

"明明做不到的东西却还要这么多钱！"我记得自己很生气。

我把这件事告诉了我的弟子，他说："啊！我也曾经去过那儿！速读的老师是打工的学生，连我的问题

188　给青少年看的高效读书法

也回答不上来！”在你离开之前一直让你去教室，是这种不道德的速读教室的现状。然后，当你离开教室时，又会卖给你CD软件。

但一分钟读一本书的技能，失败者为零。成千上万的人已经做到了一分钟读一本书。

虽然失败者为零，但是你是会踏入完全未知的世界呢，还是会去挑战一个失败率为90%，但是广为人知的世界呢？这，由你来决定。

 ## 不放下双手中的东西，就无法拿起新的东西

你的双手，在紧紧地抓着常识这件重物。如果不放下手中现有的东西，你就无法掌握新的概念。

为了做到一分钟读一本书，你必须放下你手中现在拿着的重物。

首先，请放弃想要一字一句看书来理解内容的冲动吧！如果不放弃这种想要去理解的心情，是无法进入一分钟读一本书的境地的。哪怕有一丝去理解的冲动，都不能发挥leading这种引导作用。

花时间去读书这种行为，也请扔掉吧！人生中不是因为兴趣读书，而是把读书变成生活习惯，这就是一分钟读一本书的世界。

威尔科克斯曾经说过这样一句话："如果脚一直踏在一垒[注3]上，是不可能去二垒[注4]盗垒的。"因此，必须要从"不理解书就没有意义"这个一垒出发，上到"想理解书就出局"这个二垒地带。

为了做到一分钟读一本书，必须要舍弃至今为止你所抱有的对于读书的价值观。

一分钟读一本书，是超前的读书概念体系

若干年后的未来，全部都会做到一分钟读一本。因为大脑科学会发展到这个地步。20年前的大脑科学，与现在的大脑科学相比，差异特别大。很多20年前不能治疗的病，现在都可以治愈了。

One Minute Leading对现代人而言，可能觉得

注3：一垒，棒球比赛中所使用的器具，由防守方的一垒手防守。

注4：二垒，棒球比赛中所使用的器具，由防守方的二垒手防守。

"一分钟读一本书根本不可能。这种事情不可能做到"。但是，未来会怎么样呢？

我完全可以说，**未来，One Minute Leading会变成理所当然的事！**

掌握未来超前的读书理论体系，生活在当今时代。依靠这个，就能够取得绝对性的胜利。

仅有一次的人生，是要做到一分钟读一本书呢，还是不去做呢？这由你决定。

石井贵士

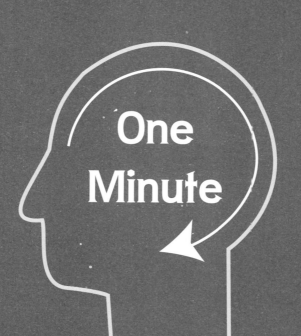
One
Minute

One
Minute